# 白髪は防げる！

管理理容師／元ヘアサロン店長／ヘッドスパ経営
**辻 敦哉**［著］

美容外科
コッ



かんき出版

# まえがき

## 白髪は染める以外にやりようがあることを突き止める

人の印象は、髪の状態で大きく左右されます。初めて会う相手の場合、8割が視覚的な要素で決まるといわれており、視線が集まる頭部は特に大きな割合を占めています。

たとえば、手入れが行き届いた髪の毛の持ち主は、清潔感があふれ信頼できそうなイメージを与える一方で、傷んでツヤがないうえに、寝ぐせがついたボサボサの髪の毛で現れたら、生活態度までだらしない印象を与えるでしょう。

だからこそ多くの人は、髪の状態に悩み、あれこれ手を尽くすのです。

男性と女性に共通した髪の大きな悩みが「白髪」です。

20代から60代までの男女に聞いたある調査によると、白髪の異性に対するイメージは

「老《ふ》けて見える」「疲れて見える」「身なりに手を抜いている」と散々なものでした。
まだまだ髪の毛のオシャレを楽しみたい10代や20代であればなおさらです。若々しさが失われて見えるだけでなく、隠すことばかりを考えて流行りのヘアスタイルにすることもできず、深刻な悩みとなるでしょう。

多くの髪の悩みには、たくさんの解決法が用意されています。
しかし「白髪」は違います。できてしまったら「あきらめる」か「染めるか」の選択肢しかありません。

私がヘアサロンで働いていた頃に、白髪で悩むお客さまから「どうにかならないのか？」という声をたくさんいただいたことから、白髪をどうにかしようとあれこれ模索してきました。**自分のカラダを実験台にするとともに、ヘッドスパ専門家時代に、サロンに通ってくださるお客さまにいろいろとご提案した結果、白髪の改善には「染める」以外にもできることがたくさんあると突き止めます。**

**そのときから、さらに試行錯誤して多くの人に効果がある方法をまとめたのが本書**なのです。

実際に、白髪ができてしまった後でも、「白髪が減った！」「増えなくなった」という人はたくさんいます。

私が運営するヘッドスパに通ってくださった方々の中にも、多数の実例がありますし、実は私も「白髪が減った」うちの一人です。

私は20代後半に美容系の企業に勤務していたとき、１００名近い女性の部下を抱えていたことがありました。慣れないマネジメントでストレスが続き、ふと気づいたら、白髪が急に目立つようになりました。

その後、30代でヘッドスパを開業し人間関係の悩みがなくなると、年齢的には白髪が増える時期にもかかわらず、白髪の数が減ったのです。

私が以前に勤務していた会社の社長も、実際に白髪が減った一人。

この社長は、髪の毛の大部分が白髪になっても染めずにそのまま「ロマンスグレー」のカッコいいスタイルを貫いていました。ところが1年ほどお目にかからない時期があり、再会したときには、なんと白髪の中に黒髪が多く混ざっていたのです。

社長に「何をしたんですか？」と聞いても、はっきりとした理由はわかりませんでした。

ただ、体調を崩したことをきっかけに、健康に気を使うようになってから、気づいたら白髪が少なくなっていたというのです。

## 実際に白髪が減った実例は次々と出ている

人のカラダの仕組みが解明されていくにつれ、これまでは「老化」で片付けられていた多くのものが、実は何歳になっても改善可能だということがわかってきています。

たとえば、人間の脳は3歳までに形づくられ、その後は衰える一方だという考えが一般的です。しかし実は、80歳になっても90歳になっても、適切な刺激を与えれば脳は成長し続けます。

筋肉だって同じです。トレーニング次第で、加齢に伴いやせ衰えていくばかりではなく、何歳からでも筋肉量を増やし機能を高めることが可能なのです。

白髪は「色素幹細胞」の働きが維持できなくなって生まれることがわかったのが、つい最近の２００９年のこと。それに加えて、色素幹細胞自体が減ってくることも白髪の原因の一つになっています。

ただ残念ながら、なぜ「色素幹細胞」が色素を髪に届けなくなるのかは、まだ解き明かされていません。そのため、白髪を治すことに特化した薬や治療は未だ研究段階です。科学的なエビデンス（科学的根拠）にもとづく治療法を待っていたら、あと何年、何十年かかるかわかりません。

でも、よく考えてみてください。**エビデンスがないというだけで、可能性がないというわけではありません。**髪の最前線で働く私たちが見てきて実感している、白髪を減らす方法や、白髪を予防する方法を取り入れてみませんか？

エビデンスが出揃った治療法を待ち続けて、モヤモヤしているどころか、その間に白髪が増えてしまったら、もったいないと思いませんか？

**本書では、白髪をつくる可能性を減らす、さまざまな方法を紹介しています。**

特に、白髪といってもゼブラ模様のように、白にグレーや黒が混ざっている、あるいは金髪のように薄く色がついている毛であれば、黒く戻る可能性が非常に高いのです。

なお本書には、食事、洗髪、睡眠方法、紫外線対策、ツボ押しやマッサージ、電磁波対策など、かなり広範囲の方法を取り上げていますが、全部を必ずしないといけないわけではありません。もちろん、取り入れれば取り入れるほど効果は期待できますが、できることから無理のない範囲で始めてみてください。

とはいえ、食事や洗髪や睡眠は普段から必ずすることで、新たにする行為ではありません。行動の仕方を本書の提案のものに変えるということなので、行動自体が増えるわけではありません。

白髪に悩んでいるのなら、今、簡単にできることから始めてみませんか？

２０２１年６月

辻 敦哉

CONTENTS

# 第2章
# 「白髪は治らない」が常識になってしまった意外な理由
## ――理美容業界でも未だに、あきらめる人が大多数なのはなぜか？

# 第3章

# 白髪を防ぐ・減らす

## ――できることは、たくさんある！ 無理のない範囲で、生活にどんどん取り入れていきたい

## SECTION 4／洗髪、髪の乾燥など髪のケア



## SECTION 5／その他、日常生活でしたいこと

# 第4章 タイプ別白髪対策をプラスする

## ——白髪の集中する場所を狙い撃ちすることで、さらなる効果が期待できる

# 第5章

# あなたの白髪染め、間違いだらけ……。

## ——染めるにしても、きれい&健康に黒くする方法、教えます

デザイン　bitter design
DTP　荒木香樹
装丁イラスト　関 祐子
本文イラスト　いちほ
編集協力　塩尻朋子
校正　豊福実和子
監修コーディネイト　佐瀬絢香（キャスティングドクター）

# 第1章

# 白髪の原因はズバリこれ！

——老化や遺伝よりも、
単なる栄養不足が原因であることも

# そもそも生まれたての髪の毛は全部「白髪」

ほとんどの人は、白髪を見つけた瞬間に「自分もそんな年齢になったのか……」とガックリ肩を落とします。それは、白髪が「老化のサイン」だと考えられているからでしょう。また、両親のいずれかに白髪が多かったり、親戚などに若いうちから白髪の人がいたりすると「家系だから、しかたない」とあきらめてしまいがちです。

でも実は、**生えてきた瞬間の髪の毛は、誰でも、何歳でも、全部「白髪」なのです。**

私たちの髪は、メラニンという褐色の色素が、誕生したばかりの白い毛を染めることで初めて黒くなります。この生まれた**白い毛を染める色素細胞（メラノサイト）の働きがうまくいかなくなると、髪の毛は白いままになり「白髪」となる**のです。

白髪が現れる年齢は、さまざまな調査によると、男女ともに平均して35歳前後。でも、皆さんのまわりには、もっと若い10代のうちから白髪があったり、逆に50代、60代になっ

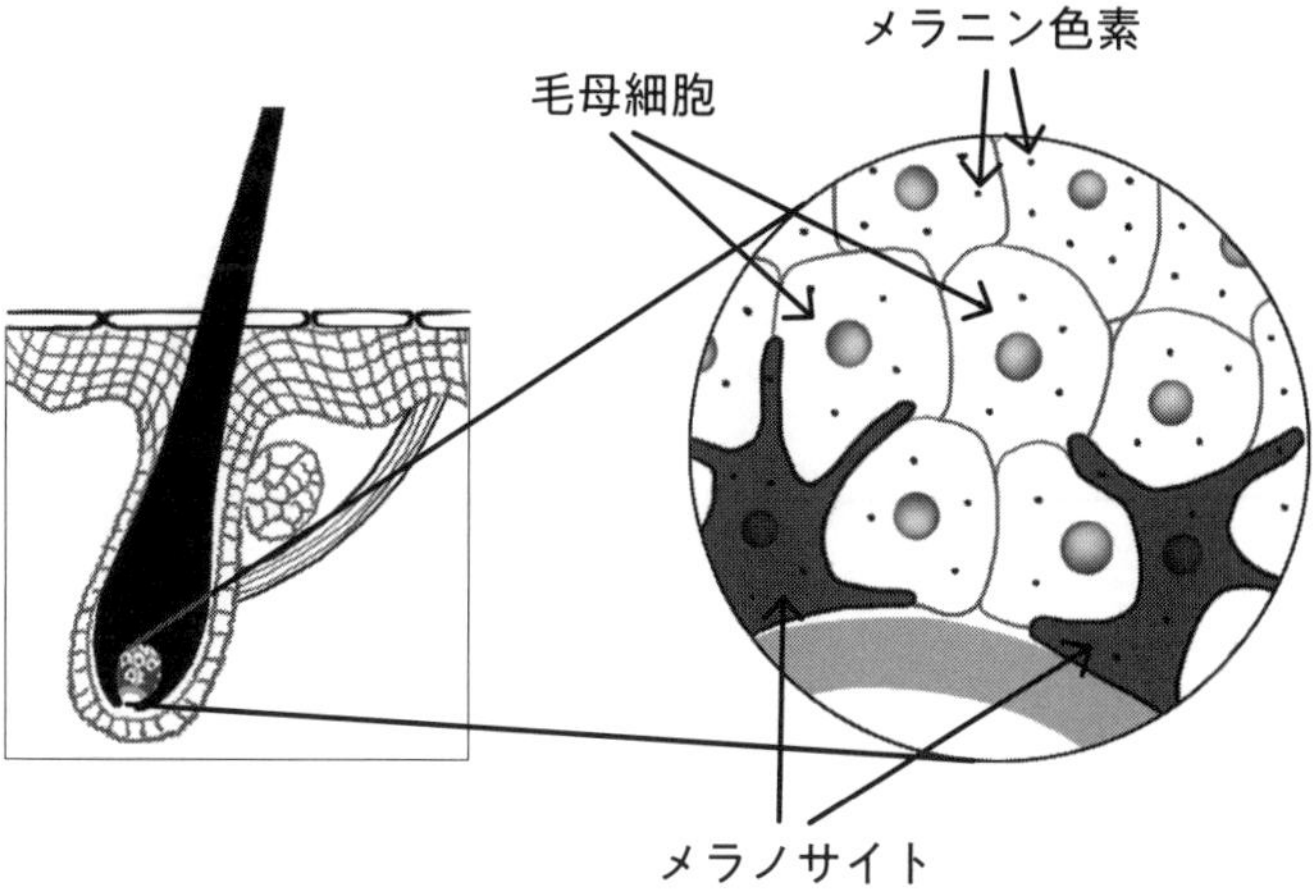


てもつややかな黒髪を維持している方もおられるでしょう。

もし白髪の主な原因が、老化や遺伝だとしたら、みんな同じような年齢で白髪になるはずです。10代から60代までと、白髪になる年齢がこれほど幅広くなることはないとは思いませんか？

もちろん、家族の誰かに白髪が多ければ、あなたにも「白髪になりやすい」遺伝子は受け継がれているでしょう。

しかし、だからといって「必ず」白髪になるわけではありません。

私はヘッドスパ専門家時代から、10年近くにわたり1万人以上の白髪に悩む人たちのケアを行ってきました。

その経験から、**たとえ白髪の家族がいたとしても、積極的に対策を講じていれば、白髪を生えにくくすることはできると確信**しています。

では、老化や遺伝も含め、いったいどんなことが白髪の原因となってしまうのか。私が考える「白髪の5大原因」を順番に説明していきましょう。

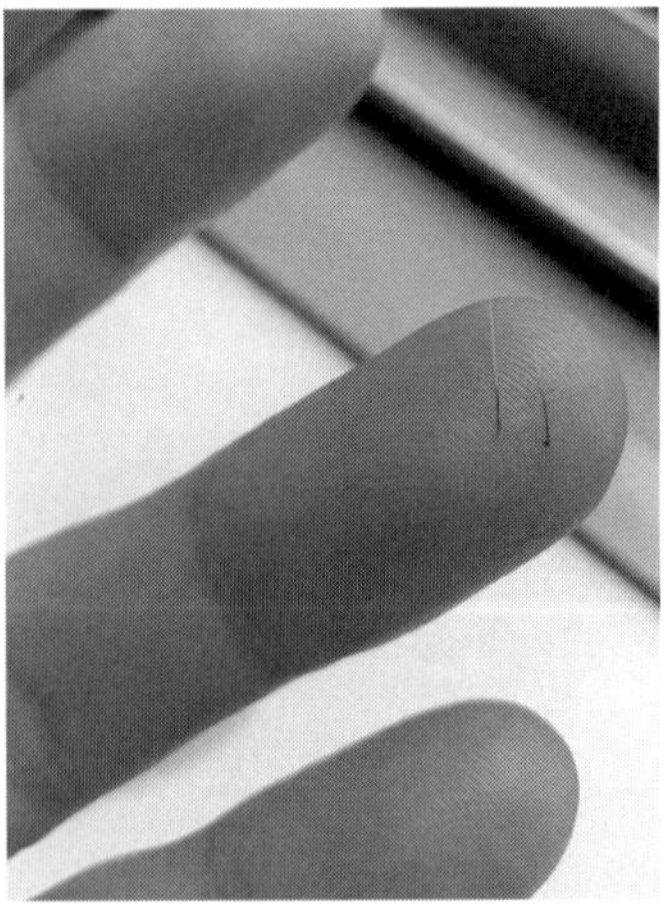

白髪対策を講じていれば、このように途中から黒くなって生えてくることもある

原因／1 栄養不足

# まずはミネラル！「現代型の栄養不足」で足りない栄養素No.1

まず、年齢に関係なく、白髪を招く最大の原因は「栄養不足」。

現代人は、カロリーは十分に摂っていても、髪の色素やカラダをつくる栄養素が極端に不足している人が増えています。あなたは忙しさのあまり、手っ取り早くお腹を満たそうと、菓子パンやスナック菓子を食事の代わりにしていませんか。外食が多い人は、ついいつも同じラーメンや丼ぶりなどのメニューを選び、炭水化物に偏りがちな場合も少なくないでしょう。

そんな**食事で、大きく不足してしまう栄養素の一つがミネラル**です。ミネラルとは、カルシウム、マグネシウム、鉄（鉄分）などがよく知られたもの。生体を構成する主要な4元素（酸素、炭素、水素、窒素）以外のものの総称で、無機質ともいいます。

ミネラルは、歯や骨をつくるだけでなく、カラダの機能を正しく維持したり調整したりするのにも重要な役割を果たします。たとえば、カルシウムが不足すると骨粗しょう症の原因になりますし、マグネシウムが不足すると湿疹《しっしん》やイライラにつながることがあります。**健やかな髪の毛を育て、しっかりと色素を送り込むためにもミネラルは欠かせません。**

髪の毛は「ケラチン」と呼ばれる18種類のアミノ酸が結合してできたタンパク質で構成されています。そして18種類のアミノ酸の中の一つ、「チロシン」が髪を黒くするメラニン色素の原料となります。

髪の色素細胞であるメラノサイトは、チロシナーゼという酵素を使ってチロシンを黒い色素に変化させます。このとき、メラノサイトの働きを活性化する役割を持つのがミネラルなのです。

生命活動に欠かせない「必須ミネラル」は、カルシウム、マグネシウム、鉄、銅など16種類あり、**食べ物から摂取しなければなりません。**

現代人の多くは、自覚のないまま糖質や脂質ばかりの、極端に偏った食事をしています。

そして、イキイキとした黒髪をつくるために必要なミネラルが、足りない栄養素Ｎｏ．１になっているのです。

**【必須ミネラルはこの16種類】**

| | |
|---|---|
| マグネシウム | マンガン |
| ナトリウム | 鉄 |
| リン | コバルト |
| イオウ | 銅 |
| 塩素 | 亜鉛 |
| カリウム | セレン |
| カルシウム | モリブデン |
| クロム | ヨウ素 |

## タンパク質不足により、髪を黒くする素材「チロシン」も不足する

私たちの食生活は豊かになっているはずなのに、現代人に不足している栄養素がもう一つあります。それがタンパク質です。

近年は過度のダイエット志向や、手に取りやすいものばかり食べる偏食の影響で、肉や魚が圧倒的に不足するケースが少なくありません。

また、とにかく野菜を食べていれば「健康的！」と考えたり、体重を減らしたいからと食事の量を極端に減らしたりする人もいれば、コンビニのおにぎりやインスタント食品ばかり食べる人などもいます。こうした食生活では、明らかにタンパク質が不足します。

**現代は「飽食の時代」と考えられていますが、実は平均的なタンパク質の摂取量は減少しています。**一説によると、日本人のタンパク質の摂取量は、戦後間もない1950年代と同じくらいにまで落ち込んでいるといわれているのです。

髪の毛は「ケラチン」と呼ばれる18種類のアミノ酸から成る、タンパク質でできている

ことはお話ししました。そのため、そもそも素材となるタンパク質が足りていないと、髪の毛のハリやコシがなくなるばかりでなく、髪の毛が細くなったり抜け毛が増えたりします。

ただ、**髪の色素の原料となるチロシンというアミノ酸は、まず髪の毛の材料となるケラチン（タンパク質）のために使われます。**

**そして、余ったチロシンがメラニン色素の原料となるため、食事から摂り込むタンパク質が不足していると、髪の毛を黒くする分のチロシンが不足して白髪になりやすくなる**のです。

## なぜ加工食品が髪に悪影響なのかは、科学的にすぐ説明がつく

現代人に足りない栄養素である、ミネラルやタンパク質の不足を招く大きな原因があります。それは、加工した食べ物を摂りすぎているということ。

**食品は加工する段階が増えるごとに、栄養素が減少していきます。**

たとえば、

①加工されていない食品（食材として、そのまま食べられるもの）……例）オリーブの実

②食品を素材として加工したもの（原料がすぐにわかるもの）……例）オリーブオイル

を比べると、オリーブの実をオリーブオイルに精製・加工する段階で、雑味とともに微量の栄養成分が取り除かれます。

さらに、

③加工食品（味付けや発酵がされているものの、見た目で原料がわかるもの）……例）食パン、缶詰の野菜

になると、穀物を精製したり野菜を茹でたりすることで、食物繊維、ビタミンやミネラルが損なわれます。

そして最終的に、

④超加工食品（原材料表示を見なければ、原料がわからないものや長期保存がきくもの）

……例）スナック菓子、カップラーメン、冷凍食品

になると、食品の物理的な構造を変化させたり、食品添加物を使用したりすることで、栄養分のほとんどが失われます。そのうえ、味を調整するために大量の油分、糖分などがプラスされているのが、超加工食品なのです。

**加工食品や超加工食品ばかりをひんぱんに口にすると、ミネラルやビタミン、そしてタンパク質の摂取量が不足します。**

さらに、**加工された食べ物には、化学合成添加物が多く含まれています。カラダに不要なこうした添加物を代謝するために、ただでさえ不足しているミネラルやビタミンが大量に消費されてしまう**のです。

もちろん、調理や加工をすることで、食べ物がおいしくなり、殺菌や保存を可能にするなどのメリットもあります。しかし便利さばかりを追求して、加工の度合いの高いものばかりを手にしていると「無意識に摂り入れすぎているもの」がミネラルやタンパク質の不足を招き、腎臓に負担がかかって（以下の【原因／2】〈P30～〉で詳しくご説明します）、白髪になりやすいカラダをつくってしまうのです。

# 血流を大きく運命づけるのは、意外にも腎臓

「栄養不足」に次いで、白髪を招く大きな原因の一つは「血流不足」。血液は心臓から押し出された後、血管を通じて全身をめぐり、細胞一つ一つに酸素と栄養を届けます。

実は、こめかみから上はほとんどが毛細血管。そのため、血流が悪くなると末端の細い血管に血液が届きにくくなり、髪の毛を育て黒く色をつけるための栄養が不足して、白髪になりやすいのです。

「血流が悪化する」原因というと、多くの人はすぐに「運動不足？」と考えます。もちろん、1日中座りっぱなしでカラダを動かさずにいれば血流は滞りますから、カラダを動かすことも大切です。でも、意外かもしれませんが、運動よりも血流に大きな影響を及ぼす

のが、腎臓の状態なのです。

腎臓は主に、血液の中からカラダに必要なものと不要なものをより分けて、不要なものを尿として排泄する役割を担っています。そのため腎臓には、日々、大量に送り込まれる血液の状態を感知するセンサーが備わっています。ですから、**腎臓の機能が衰えると、血流が悪くなります。**さらには、**腎機能が衰えた状態が長く続くと、貧血になってしまう**こともあります。その結果、白髪が増えてしまうのです。

東洋医学でも「腎（じん）」は、生命エネルギーを蓄える大切な場所と考えられています。血液の状態を管理しているのが腎臓ですから、それも当然ですね。

そのため東洋医学でも、腎が衰える「腎虚」という状態が白髪を招くといわれています。

ただ、そうはいっても**腎臓は、胃腸などの消化器官とは異なり、機能が衰えていても気づきにくいもの。**

だからこそ、白髪に悩む人には、正しく腎臓をいたわってほしいのです。腎臓のケアの仕方は第3章で紹介していきます。

## ストレスが、血流も色素幹細胞もいっぺんにダメにする

全身の血流が滞り、「血流不足」を招く大きな原因がストレスです。

私たちが意識しなくても、血液の流れや食べ物の消化、そして代謝活動など内臓全般の働きをコントロールしているのが自律神経です。自律神経には「交感神経」と「副交感神経」があり、活発に動くときや緊張状態にあるときは交感神経が優位になり、休養したりリラックスしたりしているときは副交感神経が活性化します。

血流に関していえば、交感神経が優位になるとカラダは緊張し血管は収縮します。その一方で、副交感神経が活発になると、緊張がゆるみ末端の血管が拡張します。

しかし、だからといって**白髪の改善のためには、副交感神経ばかり優位になればいいかというとそれは違います。**人間のカラダでは、**日中は交感神経が、そして夜になると副交感神経が優位になり、この2つがゆるやかに入れ替わるのが自律神経が整った状態であり、血流もスムーズになります。**

通常は、交感神経が瞬間的に興奮しても、すぐに副交感神経が働いてバランスを整えます。

しかし、強いストレスがかかったり、ストレス状態が長く続いたりすると交感神経が優位の状態が収まらず、毛細血管が収縮したままになります。すると、頭皮の血流が滞り、酸素や栄養分などが毛根に届きにくくなります。そして、白髪などの髪の毛のトラブルにつながるのです。

米国のハーバード大学の「ストレスと白髪の関係」の研究でも、強いストレスにより白髪が増えることがわかっています。この研究では、**ストレスで交感神経が過剰に活性化すると、神経伝達物質として働くノルアドレナリン（ノルエピネフリン）が大量につくられる**ことが判明。

**ノルアドレナリンは、毛が生え変わるときにメラノサイトを生み出す「色素幹細胞」を過度に働かせることで、色素を枯渇させ、白髪を増加させてしまう**のです。人によっては数日で色素が失われることもあるとも推測されています。

いかにストレスが血流を悪化させるとともに、色素を使い果たして白髪を増やすかがわかりますね。

私も20代の頃、人間関係の大きなストレスを抱えていたときに白髪がいっきに増えた経験から、「ストレスは白髪の原因になる」と強く実感しています。

ただ、よくいわれるように**「強いショックを受けたら、一夜にして髪の毛が真っ白になった」というのはあり得ない**でしょう。すでに黒髪として生えた毛の色素は、外側から何らかの手を加えない限り破壊されることはないからです。

原因／3 紫外線

# 夏だけ警戒しても意味なし。紫外線が白髪の原因を3つもつくっている

顔やカラダには日焼け止めをつけても、頭皮は一番太陽に近い場所にあるのに、無防備にさらされている。それが白髪の原因になっているのに、多くの人は気にしていません。

地球に届く太陽光線には「UV－A」「UV－B」「UV－C」の3種類があります。そのうちの一つ「UV－C」は、オゾン層に吸収されるため、地上にはほとんど届きません。

頭皮にダメージを与え、白髪の原因となるのは「UV－A」「UV－B」の2つ。両者の違いは波長の長さであり、「UV－A」は315～400nm（ナノメートル）、「UV－B」は280～315nmとなっています。

なぜ紫外線が白髪を増やす要因となるのか、私が考える**大きな理由は3つ**あります。

**一つめは、頭皮の環境を悪化させてしまうこと。**繰り返し紫外線を浴びると、**頭皮は乾燥**します。肌の表面に炎症を起こし、乾燥させるのは主に「UV-B」のしわざです。夏に海やレジャーなどで急激に日焼けをすると、肌がカサカサになりますよね。同じように、紫外線の影響で頭皮が乾燥すると、皮脂や常在菌のバランスが乱れ、頭皮環境が悪くなり白髪を招く原因となるのです。

**2つめにいえるのは、紫外線は細胞を老化させるということ。**地表に届く紫外線の9割を占める「UV-A」はエネルギーが強く、雲や窓ガラスを通過します。そのため、曇りや雨の日、また室内でも窓際などでは、しっかりと紫外線が降り注いでいます。「UV-A」は、肌の角質層だけでなく奥深くまで到達し、細胞にダメージを与えます。髪の毛をつくる細胞だけでなく、色素を生み出す細胞まで痛めつけますから、白髪や髪のやせ細りの原因となるのです。

そして**3つめは、紫外線は皮脂をすばやいスピードで酸化させ、過酸化脂質を生み出すこと。**皮脂は、頭皮のうるおいを保ち、雑菌が発生しないよう弱酸性に保つ働きがあります。

ただ皮脂は、分泌されてから時間が経つにつれ酸化が始まり「過酸化脂質」に変わります。過酸化脂質は紫外線によって、さらに発生しやすくなります。**過酸化脂質は毛穴にこびりつき、髪の毛を生み出したり色をつけたりする細胞の働きを阻害する**のです。

真夏の炎天下でなくても、曇りや雨の日でも、紫外線は確実に頭皮に降り注いでいます。特に、分け目に白髪が多いのは、分け目という頭皮の地肌が露出しやすい部分に紫外線が大量に降り注いだ結果といえるでしょう。

# 全体にまんべんなく白髪がある場合、老化が原因の可能性大

「栄養不足」「血流不足」そして「紫外線」以外で考えられる白髪の原因は、**老化と遺伝。**

**加齢によって、白い毛を染める色素細胞であるメラノサイトが活力を失ってしまうのが、老化による白髪**です。**メラノサイトの衰えが原因である場合、こめかみや生え際など、どこか一部に偏って白髪が生えるのではなく、全体的に白髪になるのが特徴**です。

また**「白髪になりやすい」家系に生まれると、白髪が生えやすくなります。**最近の研究では、メラノサイトの生存や維持に重要な働きを持つ遺伝子の発現量が少ない人が、白髪になりやすいことがわかっています。遺伝的にこうした体質を受け継いでいると、確かに白髪になりやすいでしょう。

さらに、とてもまれですが、先天的に色素の形成能力がない場合もあり、こうしたケー

スでは遺伝的に白髪になります。

老化を完璧に止めることはできませんし、遺伝的に受け継いだものは変えようがありません。

でも私は、老化をできるだけ遅らせ、白髪と関係する遺伝子の発現を可能な限り抑えて、白髪を防いだり減らしたりすることは可能だと考えています。

実際に、私がお手伝いをして、何歳であっても白髪を減らすことができた1万人以上の人たちを見てきた結果、やり方次第で白髪は防げると確信しているのです。

# スマホ使用による電磁波と無理な姿勢がダブルで、白髪の原因となっている

老化や遺伝は、あくまでも「白髪になりやすくなる」一つの要因にすぎません。私はそれよりも、**現代の生活習慣が「白髪が生えやすくなる体内の環境」を引き起こしている割合が高い**と考えています。

白髪については調査や研究がほとんど進んでいないため、データで比較することはできません。でも、私が生まれた約40年前よりも現代のほうが、白髪になる年齢が若くなり、さらに白髪の問題を抱える人が増えている実感があります。

以前は、白髪が目立つようになるのは50歳を過ぎて、孫が生まれるような年齢になってからのことが多かったと記憶しています。ところがここ20年くらいは、20代、30代で白髪に悩む人が急速に増えているのです。

ここ最近で白髪に悩む人が増えている大きなの理由の一つとして、先にお伝えした「現代型の栄養不足」があります。特に10～20代で若白髪に悩む人は、栄養不足を疑うべきでしょう。

また、現代型の生活スタイルでは、運動不足になったりストレスを抱えたりする人が多く、どうしても血流が滞りがちで「血流不足」になりやすい。そういった最近の人たちのニーズに応えるかのように、20年前ではあまり見かけなかったマッサージ店やリラクゼーションサロンが、今では街にあふれています。

そして他にも、「白髪が生えやすくなる体内の環境」を引き起こす現代の生活習慣はたくさんあります。

その一つが、電磁波を発する電化製品の頻繁な使用。電子レンジ、テレビ、暖房便座といった家電製品が該当しますが、確かに便利で、使うのをやめろといってもそれは無理な話（私だって無理です）。携帯電話こそ電磁波を発する製品の代表格ですが、全く使わないのではなく、使いすぎ（俗にいうスマホ依存）を防ぐことはできるはずです。

**電磁波は、人間の体内に大量の活性酸素を発生させる**ことが知られています。活性酸素には「善玉」と「悪玉」があり、善玉の活性酸素は新しい血管をつくり、神経伝達を促すといった髪にとっては重要な働きを持ちます。一方で、悪玉は細胞や遺伝子を攻撃し、老化や慢性疾患の原因を引き起こすのです。

人間は呼吸で大量の酸素を取り入れていますが、そのうち2％が活性酸素になるといわれています。そのうえで電磁波に加え、**排気ガスなどの大気汚染**にさらされたり、**継続的に食品添加物を摂取**するなどの、現代では避けられない生活様式から活性酸素が過剰に発生。そして、過剰に生まれた活性酸素の大部分は悪玉に変わります。**悪玉の活性酸素は、毛根を含む全身の細胞にダメージを与えますから、白髪が生えやすくなる体内の環境を招く**のです。

また「スマホやパソコンの画面を、1日中見続けるのがあたりまえ」という生活習慣も白髪が生えやすくなる理由の一つです。

スマホやパソコンから発生する電磁波はもちろん、**画面を見るときにどうしてもうつ向きがちになるのが、髪によくない**のです。

首が少しでも前傾して筋肉に負担がかかると、頭部に送られる血流量が低下するといわれています。そして頭皮の血流が悪くなり、白髪の原因となるのです。

特に日本は、電磁波が強く出てしまっています。日本のコンセントは2つの穴がありますが、海外の多くの国ではコンセントの穴は3つとなっています。日本はプラス、マイナスだけですが、海外ではそれに加え、「アース」という穴があります。このアースから電磁波が逃げているので、海外では日本ほど電磁波が周囲に飛び散らないのです。

「アーシング」という言葉を聞いたことはありますか？　アーシングとは、靴や靴下を脱いで地面の上を裸足になって歩くことを指します。アーシングをすることで体内の余分な電気が地面に逃げていくため、カラダの不調が改善されたという報告例もあるくらいです。

このように現代の生活習慣では、「白髪が生えやすくなる体内の環境」を招く要因があちこちに存在しています。

でも私は、白髪の改善のために「昔の生活スタイルに戻しましょう」と提案しているわけではありません。現代生活の便利な点は享受しつつ、どんなことが白髪の原因になるかを知って、できるやり方で避けたり解消したりしていけばいいのです。

実際に簡単にできる電磁波対策をいくつかご紹介します。

まず、アースが使える場合は、必ず使うようにしましょう。

コンセントの電源用などに壁の中に電線が通っていますが、ここからも電磁波が出ています。ですので例えば、壁からベッドを離したりすれば寝ている間に浴びてしまう電磁波を減らすことができます。

ＩＨ調理器具からも電磁波が出ています。エプロンに電磁波を通さないタイプがありますので、調理中にそれを着るのもいいでしょう。

電磁波防止シールも売っています。スマートフォンや分電盤などに貼ると効果的です。

## 「白髪は抜くと増える」って本当？

この章の最後に、都市伝説的にいわれている、白髪についてのあれこれについて説明していきましょう。

### ◆「白髪になる人はハゲない」

よく「白髪になるかハゲるか、どっちかしかない」「若いうちから白髪がある人はハゲない」などといわれています。

でも、これは完全に俗説です。白髪と薄毛の原因には、栄養不足、血流不足など共通するものがたくさんあります。生活習慣が大きな原因である白髪や薄毛は、同時に進行する可能性も高いのです。

### ◆「白髪になるのとハゲるの、どっちが先？」

「ある程度の年齢になるとまず白髪が増え↓さらに進行すると薄毛になる」と考えている人が、意外に多いようです。

しかし、白髪と薄毛の順番は決まっているわけではありません。白髪がどんどん増えてくると、白い毛の部分は髪の毛がないように見えるため、ボリュームが減ったように感じることもあるでしょう。そのため「白髪が進行↓薄毛も進行」という流れに思えるのかもしれません。

## ◆「白髪は抜くと増える」

「白髪は抜くと増える」といわれているため「本当ですか？」とよく聞かれます。

実際には、抜いたからといって、白髪が増えたり減ったりすることはありません。一つの毛穴からは、通常、2〜3本の毛が生えていますが、色素をつくるメラノサイトはそれぞれの毛の毛根にあるので、他の毛には影響がないからです。

しかし、無理やり白髪を抜くと、毛根が傷ついて炎症を起こしたり、毛穴がゆがんで髪の毛が縮れたりする可能性があります。

また、最悪の場合、新しい毛が生えなくなってしまいます。白髪をどうしても見えなくしたいのであれば、抜くのではなく、根元からカットするほうがいいでしょう。

# 第2章

# 「白髪は治らない」が常識になってしまった意外な理由

——理美容業界でも未だに、
あきらめる人が大多数なのはなぜか？

## 白髪についての科学的な情報は圧倒的に少ない

白髪に対するさまざまな意識調査を見ると、平均して30代になると「白髪が気になる」人が30％を超えてきます。そしてどんな調査でも、50代になると、ほぼ全員が白髪を気にしていると答えています。

これほど多くの人が悩んでいるのに、**白髪については未だに原因が特定されておらず、解決策も「染める」以外はほとんどないのが実情**です。

白髪以外の、人の見た目に関わる問題はどうか考えてみましょう。

たとえば、シワやシミなどの肌トラブル。肌の悩みについてはたくさんの解決策があります。シミであれば、まずは予防策として、さまざまな日焼け止めが発売されています。できてしまったシミに対しても、メラニン色素の排泄を促すためのサプリメントや化粧品、そして薬もあります。また、どうしてもシミをなくしたい場合は、レーザーなどで治療することもできるでしょう。

顔の皮膚《ひふ》と頭皮はすぐ近くにあってつながっているにもかかわらず、顔の肌のトラブルについては研究が進み、たくさんの選択肢があるのです。

一方で、**白髪ができるメカニズムがようやく解明されたのが２００９年**のこと。

東京医科歯科大学の難治疾患研究所・幹細胞医学分野の西村栄美教授らの研究グループが、医学の学術誌で最高峰の一つといわれる『Ｃｅｌｌ（セル）』で、**白髪ができる仕組みを発表**しました。研究によると、マウスによる実験で、メラノサイトを生み出す「色素幹細胞」のＤＮＡが紫外線などの外的な要因や、何らかの内的な理由で損傷すると、色素細胞であるメラノサイトが減少し白髪が増えるとわかりました。

黒髪の色素をつくる色素幹細胞が発見されたのは２００２年。ですから、白髪のできる仕組みが解明されたのは7年後のこと。

しかも、ここまではマウスによる実験結果のため、人間に応用するにはまだまだ時間がかかるでしょう。

これほどまでに白髪に関する科学的情報が少ないと、「白髪を治す薬」が生まれるまでにはさらに時間がかかると考えられるのです。

## 白髪対策が、薄毛対策よりも遅れをとってしまった理由

現代では、白髪に悩む人が急増している理由の一つとして、平均寿命が長くなっていることも関係しているのではないかと私は考えています。

昔は、白髪が目立つようになる50代から60代は、多くの人のライフサイクルが「引退」の時期でした。そのため、白髪になっても「もう、そんな歳だから……」と受け入れる人が多かったのではないでしょうか。

しかし現代では、60歳を過ぎてもバリバリ働いていたり、趣味などに打ち込んで「まだまだ、現役で人生を楽しみたい！」と考えたりしている人が増えています。そのため、見た目年齢をぐっと引き上げてしまう白髪の悩みがクローズアップされるようになったのかもしれませんね。

以前は、男性の髪の悩みは、どちらかというと「薄毛」に偏っていたこともあるかもしれません。これまで多くの男性は、「白髪になってもいいから、抜けないでほしい」という切実な思いを抱いていたのではないでしょうか。

実際に私も、高校時代に薄毛をからかわれたときから「将来、ハゲるかも⁉」という恐怖が、心の底にずっと潜んでいました。20代で美容室に勤務するようになり、育毛の正しい知識（当時、正しいといわれていた知識ではありますが）を学んでから、やっと薄毛の恐怖から解放されたのですから、多くの男性にとって白髪の悩みは、後回しになりがちだったのかもしれません。

男性の白髪に対しては、「ロマンスグレー」などと、落ち着いた大人の魅力として好意的に受け取られることも少なくないことも理由の一つだったのでしょう。

ただ**薄毛については、近年では科学的に効果が立証された薬や治療法が多数、存在します。**

**そのため、薄毛に悩む人よりも、まだまだ解決方法が少ない白髪を気にする人の数が多くなっているとも考えられる**のです。

## 「白髪はできたら染めればいい」が理美容業界の常識だった

「なぜこんなに、白髪に対する情報や解決策が少ないの⁉」

私はよく、白髪に悩む人からそう問いかけられます。

その最大の理由は先にお話ししたように、つい近年まで、白髪は原因も対処法も科学的な情報がまったくといっていいほどなかったからです。

**理美容業界でも「白髪は治らない」が常識**でした。私は、著名な美容室のオーナー、またはシャンプーなどのメーカーさんが開催する勉強会やセミナーに通い、白髪についてたずねたことは数え切れませんが「一度できた白髪は治らない」と言う人ばかりでした。「白髪は老化や遺伝によって生まれ、逆らうことはできない。だから、美容室でできるのは染めることだけ」と広く考えられていたのです。

もしかしたら、理美容業界は「見た目を美しく整える」ことが優先されますから「染めてきれいになるならそれでいい」とする風潮があったのかもしれません。だから、なかなか根本的に解決しようという動きがなかったのでしょう。

でも私は、どうしても「白髪には打つ手立てがない」ということに納得することができませんでした。なぜなら、身の回りに、実際に白髪が減ったり改善したりした人が何人もいたからです。

私自身も、20代の前半に仕事のストレスが続いたとき、白髪がいっきに増えた経験があります。かつては「自分も、おじいちゃんと同じようにハゲてしまうのでは⁉」という恐怖から、育毛についてばかりひたすら学んでいました。

しかしその後、仕事が変わり白髪が減った体験をしてから、**きちんとカラダに働きかければ、白髪にも打つ手があるのでは？**と思ったのです。

## 実際に白髪が減った人はたくさんいる！

「白髪は防げる・減らせる」はずと考えていた私は、ある出来事をきっかけにその考えが確信に変わります。

30歳を過ぎてヘッドスパ専門店の「プーラ」をオープンする頃、私はヘアケア製品の開発を担当している人の講演会に行きました。

そのとき、

**「白髪は円形脱毛症と同じように、血流が悪いところに生えやすい」**
**「白い部分と黒毛が混ざって〝ゼブラ〟状態になっている毛は、簡単に黒くなりやすい」**

という話を聞き「自分の考えは間違っていなかった！」「白髪は〝原因不明で改善できない〟わけではない」と強く信じるようになったのです。

ヘッドスパのサロンをオープンしてから、私の「白髪は改善できる」という考えは、ますます強固なものとなっていきます。なぜなら、サロンに通ってくださるお客さまの中から、**白髪が減った、増えなくなった人が続出した**からです。

特に劇的なのは、円形脱毛症のお客さまです。脱毛症が改善するとき、毛が抜けてしまっていた部分に、白髪のうぶ毛がいっせいに生えてくることがよくあります。

そして、**根気よく生活スタイルを変えたり体質の改善を図ったりすることで、白髪だったものが黒いしっかりとした毛に生え変わっていくのを、私は何度も目にしました。**

ですから、今、白髪に悩む多くの人にも、あきらめないでほしいと強くお伝えしたいのです。

次の第3章ではいよいよ、具体的にどうやって白髪を防ぎ、減らしていくのかをお話しします。

私のこれまでの経験から、続けやすく効果が出やすい「普段の生活でできること」をまとめて紹介していきましょう。

# 第3章

# 白髪を防ぐ・減らす

——できることは、たくさんある！
無理のない範囲で、
生活にどんどん取り入れていきたい

## 脂肪には、摂るべきものと避けるべきものが混在する

最初にお伝えしたいのが、すべてのタイプの白髪を増やす可能性の高い「やめるべき」食べ物や習慣です。

白髪を招く、最大の原因といってもいいのが「現代型の栄養不足」。私たちのまわりには食べ物があふれているのに、なぜ現代人は栄養不足になってしまうのでしょうか。

第一に、白髪を改善するために摂るべき栄養が何か、それが何に含まれているのかを知らずに食べていることが挙げられます。

たとえば「脂肪」は、摂りすぎると血液をドロドロにし、血流を悪化させるイメージがあります。そのため、白髪の5大原因の一つである「血流不足」を招きそうだと考えられ

ますね。

しかし脂肪は、タンパク質・糖質と並ぶ3大栄養素の一つで、生命維持や身体活動に欠かせないエネルギー源。ホルモンや細胞膜の材料となったり、脂溶性ビタミンの吸収を促したりなど、髪の毛の健康にも大切な役割を担っています。

実は、**一言で「脂肪」といっても、いくつか種類があります。**脂肪を構成する脂肪酸は、「飽和脂肪酸」と「不飽和脂肪酸」に分類され、一般的に固形で、肉や乳製品などに含まれるのが「飽和脂肪酸」。そして常温では液状の油で、植物や魚（サンマやアジなどの青魚に多い）に含まれるのが「不飽和脂肪酸」です。

固形の「脂」を摂取しすぎると、確かに血液中の脂肪分が増加して、血流に悪影響を及ぼします。

その一方で**不飽和脂肪酸の中でも、特に人間の体内でつくることができない必須脂肪酸である「ＥＰＡ（エイコサペンタエン酸）」と「ＤＨＡ（ドコサヘキサエン酸）」は、血液をサラサラにして流れを促し、白髪にもよい影響を与えます。**

そのため、ＥＰＡやＤＨＡを多く含む**サバ、イワシ、サンマなどの青魚**は、白髪を改善し、健康な髪の毛をつくるために、積極的に摂取するといいのです。

ただし、不飽和脂肪酸なら、なんでもたくさん摂ればば白髪にいいかというとそれは違います。

不飽和脂肪酸の摂取の仕方で、一つだけ気をつけてほしいことがあります。**「トランス脂肪酸」と呼ばれる、油脂を精製・加工する段階で生まれる不飽和脂肪酸は、血液中の悪玉（LDL）コレステロールを増やし、血液の粘度が増して血流を悪化させる**ことがわかっています。

**トランス脂肪酸は、マーガリン、マヨネーズ、ファットスプレッド、ショートニングや、こうした材料を使ったパン、ケーキ、ドーナツ、クッキーなどのスイーツ、フライドポテト、ポテトチップスなどの揚げ物類などに多く含まれています。**

トランス脂肪酸は、揚げ物をカラッと仕上げたり、サクサクした食感を出すことが得意ですから、知らず知らずのうちに手にしている食べ物に含まれていることが少なくありません。

**揚げ油をオリーブオイルにすれば、トランス脂肪酸がゼロないし大幅にカットでき、**細胞の老化を防ぐオレイン酸が豊富に摂れるので、揚げ物を食べたい場合はオリーブオイルを使って自分で調理するといいでしょう。

先進国の多くでは、摂りすぎないよう注意喚起したり食品に表示義務を設けたりしていますが、日本ではまだ基準値が定められていません。

だからといって食べたいものを我慢《がまん》するのも大変ですから、対策としてはたとえば、**マーガリンは使わず、バターを選ぶ。**クッキーやパイなどは、使用食材を明記している店など信頼できる店で購入するか手づくりしてみる。ファストフードやカップラーメンを食べる回数を減らす……など、できることから実践していきましょう。

## 時短メニューで十分。栄養ある食事を自炊しよう

現代人が**栄養不足になってしまう2つめの理由が、加工食品、超加工食品を手にする機**

**会が増えていること。**

人間のカラダには、生命の維持に役に立たない保存料や添加物などの異物は、排泄する仕組みが備わっています。

しかし便利さから、加工食品、超加工食品ばかり食べていると、不要な異物を排泄するためにカラダは頑張ってしまうため、健康な黒髪を育てるために必要な栄養を使い果たし、腎臓などの機能にも負担をかけてしまうのです。

もちろん忙しい毎日を送る中で、手づくりし続けるのは難しいでしょう。ですから凝った料理ばかりにする必要はなく、**時短メニューも取り入れていくのが継続させるコツ**です。

私も忙しいときは、よく残り物の味噌汁に鶏むね肉などの具材を足したり、そうめんを加えたりするくらいです。パンにチーズとしらすをのせたトーストなども、とても簡単ですが栄養バランスのよい食べ物となります。コンビニなどにお弁当やお惣菜を買いに行く時間で、サッとつくれるものばかりです。

最近では、手軽につくれて栄養のあるメニューを紹介している無料の動画などもたくさんありますから参考にして、髪の毛のために2回に1回は手づくりしてみるのもいいでしょう。

さらに、外食をするのであれば、天丼やカツ丼、パスタやラーメンばかりでなく、ときには魚の定食を食べるなどして、**品目の多いもの、ミネラルやタンパク質など白髪対策となる栄養素が豊富なものを摂るようにするだけで、現代型の栄養不足から少しずつ脱することができます。**

## ジュースなど糖分が多い飲み物が、水分不足を引き起こす!?

「のどが渇いた！」。そんなときに、つい**炭酸飲料やジュース、缶コーヒー**などを手に取る人は少なくないでしょう。しかし、こうした飲み物は、白髪が増える原因となります。

なぜなら、コーラや果汁飲料などには**大量の砂糖が含まれているから**です。たとえば、500㎖のペットボトルの果汁飲料には角砂糖およそ13個分、炭酸飲料には角砂糖14個分、缶コーヒー1本にもおよそ角砂糖6個分の糖分が含まれています（メーカーや種類によりますが、無糖タイプを除けば糖分が比較的多いことは事実です）。

糖分が多い飲み物が白髪によくない理由の一つは、血糖値を乱高下させて血管を傷つけてしまうからです。**傷ついた血管の壁は、修復されるたびに厚みを増し、結果的に血流を悪化させてしまう**のです。

また糖分を筆頭に、余分な成分が大量に含まれた飲み物は、**消化に負担がかかりカラダに必要な「水分」としての役割を果たしません。**

私たちのカラダの60％以上は水分で構成されています。水分の3分の2は全身を構成する細胞の内部に存在し、残りの3分の1は細胞と細胞の間にある「細胞間液」と血液として存在しています。そのため水分が不足していると、髪の毛やメラニン色素をつくる細胞の働きが悪くなってしまうのです。

また、**カラダの水分が不足すると、血液から水分を奪うため、血液がドロドロになります。そして、血流が滞り、髪の毛を育てる細胞に栄養が届きにくくもなる**のです。

さらに、糖分が過剰に含まれた飲み物が、白髪を招く理由がもう一つあります。

こうした飲料の多くには「果糖ブドウ糖液糖」などと表示されている、人工甘味料がよく使われています。果糖ブドウ糖液糖とは、果物や蜂蜜《はちみつ》に含まれる果糖を、トウモロコシなどのデンプンで反応させてつくられている甘味料です。

「材料が天然のものばかりだから、カラダによさそう？」と思うかもしれませんが、実はれっきとした食品添加物であり、原料の大半は輸入された遺伝子組み換えのトウモロコシが占めています。天然成分からつくられているかもしれませんが、一般的には起こり得ない反応を起こしてつくられている**「工業製品」と同じ**だといえます。

そのため、**分解して体外に排泄するために腎臓や肝臓に負担がかかり、血液の状態が悪化し白髪を招きやすくなる**のです。

さらに甘いものは、カラダを冷やします。冷えてしまうということは、血流が悪くなるということです。

**カラダに水分を補給するのは、純粋な「水」が一番。**必要な水分が吸収されれば、排泄《はいせつ》もスムーズになります。甘い飲み物は嗜好品としてたまに飲むのにとどめ、日常的には水を口にするように心がけましょう。
どうしても「味がついたものが飲みたい」ときは、近年ではミネラルウォーターにフレーバーをつけたものが多くありますから、こちらを手にするといいでしょう。

## 白髪だからって禁酒までする必要はなし

よく「髪の毛のためには、お酒は飲まないほうがいいでしょうか？」と聞かれます。そんなとき私は**「飲み方次第」**だとお答えしています。

アルコールには血管を拡張する働きがあるため、**適量であれば血流を改善します。**また、人によっては**ストレス解消**の手段として有効な場合もあるでしょう。

その一方で、お酒は**飲みすぎると利尿作用に加えて、アルコール分解でも水を使うので脱水傾向になります。**カラダが水分不足になれば**頭皮は乾燥**しますから、**髪の毛の育つ環境が悪化**します。

またアルコールは、少量であれば副交感神経を活性化しますから、リラックスすることができます。しかし飲みすぎると逆に、交感神経が活発になり寝付けなくなったり眠りが浅くなったりして、**睡眠に悪影響を及ぼして**、間接的に白髪ができやすくなります。

さらに、大量のアルコールが体内に入ると排出しなければならず、肝臓や腎臓がフルに活動することになり、**血液の質がガクンと下がってしまう**のです。

お酒による白髪への悪影響を防ぐには、まずは**悪酔いするまで大量に飲まないこと。適量であれば、お酒のメリットを受けながら、白髪への影響を最小限にすることができます。週に2日程（48時間程）続けて休ませる休肝日は、ぜひ取り入れてみてください。**体調もとてもよくなり、お酒もおいしくなりますよ。

ただ、そうはいっても、楽しい席ではついつい飲んでしまうという人は、**お酒と一緒に水を飲みましょう。**目安として、お酒1杯飲んだら同量の水を飲むといいといわれていますが、この量にこだわらず、多めに飲むとアルコールの分解と排出を促してくれます。

特に、お酒を飲んで帰った日は、寝る前に体温と同じくらいの白湯をコップ1杯飲みましょう。内臓を温めて活性化し、老廃物の排泄を促してくれます。

また**「五苓散《ごれいさん》」という漢方薬**は、消化器や腎臓の働きを助け、むくみや二日酔いを改善する効果が期待できます。腎臓をいたわりながらお酒を飲むために、飲酒の前と後に1包ずつ飲むのもいいでしょう。

また、飲酒はカラダを酸化させてしまうため、**抗酸化作用のあるビタミンC、ビタミンE、水素をサプリなどで補う**と、飲酒による不調をいっそう遠ざけます。

## サプリの併用もOK。16種類のミネラルを欠かさないようにする

「ミネラルを積極的に摂取しましょう!」とこれまでも何度もお伝えしてきました。でもそう言われても、ミネラルにはどんなものがあり、どのような食材に含まれているか、わからない方も多いでしょう。

そもそもミネラルとは、骨の材料となるカルシウムをはじめカラダの構成成分となった

り、消化・吸収などの代謝活動などをスムーズに行ったりするために欠かせない栄養素です。

ミネラルには、カルシウム、カリウム、マグネシウム、亜鉛など**16種類**があります。大別すると2種類となり、1日に100mg以上摂取しなければならないカルシウム、ナトリウムなどの**「主要（多量）ミネラル」**、もっと少ない量で大丈夫な亜鉛、鉄、銅などの**「微量ミネラル」**があります。

さらに、微量ミネラル以外にも、セレン、クロム、ケイ素などの**「超微量ミネラル」**があり、近年では、主要ミネラルの摂取はもちろん、髪の毛や肌の健康を維持するためには、「微量ミネラル」「超微量ミネラル」も大事だといわれてきています。

代表的なミネラルを豊富に含む食品は次の通りです。

- カルシウム：チーズ、ヨーグルト、ひじき、インゲン、小松菜
- カリウム：長いも、豚肉、昆布、ひじき
- マグネシウム：バナナ、オレンジ、色の濃い葉物野菜、にがり
- 鉄：卵、ほうれん草、レバー、赤身肉、貝類

・亜鉛：牛肉、ナッツ、貝類、卵（平飼いした鶏が産んだものがよい）

「微量ミネラル」は、海苔、わかめ、ひじきなどの海藻類や海水からつくられた天然塩に多く含まれています。

「超微量ミネラル」は、以前は一般的な食生活を送っているとさほど不足することはないといわれていました。しかし現代では、農薬や除草剤の多用、また季節を問わず収穫できるよう品種改良された結果、野菜などに含まれる超微量ミネラルをはじめとする栄養素は**激減している**といわれています。

女性は特に、月経で血液が失われるため、**鉄分**を筆頭にミネラルが不足しがち。加工食品やお菓子などをよく手に取る方も、ミネラルは足りなくなりがちです。

ミネラル補給は、マルチミネラルのサプリメントであれば、配合によってはカルシウムなどの「主要ミネラル」以外にも、亜鉛などの「微量ミネラル」、そしてセレンやケイ素などの「超微量ミネラル」も補給することができます。

**最低限の量はサプリで補いながら、ミネラルを含む食品を積極的に摂取するといい**でしょう。

気温が高い時期やスポーツをした後など、汗をかくとナトリウムやカリウムなどのミネラルがカラダから失われます。

水分を補給する意味では、ミネラルウォーターもいいのですが、私はよくスポーツドリンクではなく、経口補水液を手にします。なぜなら**経口補水液は、一般的なスポーツドリンクより糖分が少なくミネラルが多く含まれているため、手軽なミネラル補給に最適**だからです。

ただ、一人一人に不足しているミネラルがまんべんなく補給できるわけではありませんので、こればかりガブ飲みしても白髪をすぐに改善できるというわけではありません。あくまでも汗をかいたときに、失われたミネラルを補うつもりで飲むのがいいでしょう。飲む量としては、ペットボトル500㎖程度を1本が適量です。

## 髪を黒くするチロシンが多い食品も意識する。動物性、植物性の両方を食べよう

白髪に悩む人にとどまらず現代人に不足しがちな栄養素の代表は、ミネラル以外だとタンパク質です。

タンパク質は、筋肉や臓器を構成する非常に重要な栄養素であり、酵素やホルモンの原料にもなります。タンパク質は、20種類程度のアミノ酸から成る物質で、アミノ酸の数や種類の組み合わせによって、数万種類のタンパク質があり体内に存在しています。

良質なタンパク質を含む食品を選ぶ目安の一つに「アミノ酸スコア」があります。体内で合成できない必須アミノ酸9種類が、それぞれ必要量を満たしていれば、アミノ酸スコアは100となります。アミノ酸スコアが100の食品には、卵、牛肉、アジ、サンマなどがあります。

また、タンパク質には肉や魚、卵などに含まれる動物性と、豆類、野菜、穀物から摂取

できる植物性があります。

動物性のタンパク質としては、体内で合成できない必須アミノ酸をバランスよく含むものが多い一方で、動物性の脂肪を多く摂り入れがちになるという弱点があります。

植物性のタンパク質は、食べ物に含有されるタンパク質の量が少ないというデメリットはありますが、ビタミンやミネラルなどの栄養素を同時に摂取できるというメリットがあります。

そのため、**髪の毛と全身の健康のためには、動物性と植物性、どちらも摂り入れることをオススメ**しています。

特に白髪に関していえば、**髪の毛は「ケラチン」と呼ばれる18種類のアミノ酸が結合してできたタンパク質で構成され、これら18種類のアミノ酸の一つである「チロシン」が髪を黒くするメラニン色素の原料となります。**髪の色素細胞であるメラノサイトは、チロシナーゼという酵素を使ってチロシンを黒い色素に変化させます。

**チロシンを多く含む食材としては、チーズなどの乳製品、カツオ、マグロ、たらこなどの海産物、アボカド、バナナなどの果物に加え、アーモンドや大豆などのナッツ・豆類、**

**タケノコ**などがありますので、こうした食品を中心に、動物性と植物性のタンパク質をバランスよく摂るのがいいでしょう。特に旬の食材がオススメです。

乳製品、卵などは体質に合わない方もいるでしょうから、自分に合うものを適宜選んでください。

なお、チロシンもサプリで補うことができます。

## 「ヨード」と「アントシアニン」も摂ろう。海藻や色が濃い食材に注目

**髪の毛の色素細胞であるメラノサイトを活性化するのに効果的な栄養素が2つ**あります。それは**「ヨード」と「アントシアニン」**。

「ヨード」を含む食材には、とろろ昆布、昆布茶などの昆布からできているもの、わかめ、海苔、ひじきなどがあります。また、こうした**海藻類**は、ミネラルの補給源としても優秀ですし、腎臓にもいい影響を及ぼす食材です。昔から「海藻は髪の毛にいい」といわれて

いたのは、科学的にはこうした意味があったのですね。

「アントシアニン」は、イチゴ、ブルーベリー、ナス、黒豆、紫キャベツ、黒ごま、赤シソ、アシタバなどの**色が濃い食材**に豊富に含まれています。

白髪の予防・改善には、まずは5大原因の一つである「栄養不足」を解消することが先決です。その中で、こうしたメラニン色素の生成を促す食材を、積極的に摂取していきましょう。

## 200種類以上の有害物質を含むタバコこそ、真っ先にやめるべき存在

食べ物ではありませんが、体に取り入れて白髪を招く可能性が高いのがタバコです。

タバコに含まれる**ニコチンは**、血管を収縮させるため、毛細血管が集まっている頭皮に大切な血液が届きにくくなり**「血流不足」を招きます。**

ニコチンは交感神経を刺激する作用もありますから、末梢《まっしょう》の血管が収縮して血流が悪く

なった結果、「もっと血液を送り届けよう」とするカラダの働きから、**血圧が上がり血管の老化にもつながります。**

「タバコはなかなかやめられないから、**電子タバコ**はどうでしょう？」という方もおられますが、**ニコチンの含有量はあまり変わらない**という調査結果があります。

また、タバコに含まれる一酸化炭素は、血液中にあり酸素を運搬してくれる赤血球の色素と結びつき、カラダを**酸欠状態**にします。酸素不足になると、全身の細胞の機能が低下し白髪の原因になってしまうのです。

さらにタバコには、ニコチンだけでなく**200種類以上もの有害物質が含まれています。**白髪対策だけでなく、健康のためにもぜひとも禁煙にチャレンジしてほしいです。

しかしそうはいっても、やめたくてもなかなかやめられないのがタバコ。タバコに含まれるニコチンなどには依存性があるため、自分の意思だけで乗り越えるのは難しいのです。

実は、**病院での禁煙治療には健康保険などを使うことができます。**髪の毛、そしてカラダ全体の健康を守るために、「禁煙外来」でサポートを受けて無理なくやめていくといいでしょう。

SECTION／2 腎臓のケア

# 1日に1ℓ、冷やしすぎていない水をこまめに摂る

白髪の5大原因の一つである「血流不足」には、腎臓が大きく関わっていると第1章でお話ししました。そのため、どんなタイプの白髪でも、腎臓をいたわることはとても大切です。

では、具体的にどうやって腎臓のケアをするのか、これからお伝えしましょう。ここでも食材の話が出てきますが、特に腎臓によいものをこちらでは取り上げました。

腎臓にはカラダの水分を調節する働きがあるため、適度な水分補給を心がけないと負担がかかってしまいます。**カラダが有効に活用できる水分としては、純粋な「水」が一番**です。

人間のカラダは、汗や尿からだけでなく、皮膚や呼吸を通しても水分を失っています。そのため、理想は体重1kgにつき必要な水分は1日に30〜40mℓといわれていますが（体重が60kgならば約2ℓ）、目安として**1日に最低1リットルの水分を補給するといい**といわれています。

特に、**朝起きたときと夜眠りにつく前は、それぞれコップ1杯の水を飲むといい**でしょう。寝ている間に失われる水分を補給するとともに、睡眠中の代謝を助ける働きをしてくれるからです。それ以外では、汗をかいたときや入浴前など、1日に5回以上などに分けてこまめに補給しましょう。

スポーツをした後など、冷たい水をいっきに飲みたくなるかもしれませんが、冷えた水は内臓に負担がかかります。また一度にガブ飲みをしても、人間が一度に吸収できる200mℓ程度以上の水分は排泄されてしまいます。**なるべく冷えすぎていない水**で、ペットボトル500mℓでしたら、2〜3回に分けて飲むようにするのが適量だと考えましょう。

## 意外にコスパ良好！
## 調味料は天然のものに総入れ替え

「腎臓をいたわるためには減塩」と一般的にいわれています。

しかし減らすべきなのは、食卓塩のように高度に精製された「塩化ナトリウム（NaCl）が99％以上」の塩だけだと私は考えています。塩化ナトリウムばかりで構成されている塩は、摂りすぎると腎臓にも負担をかけます。一方で、ミネラルのバランスが整った天然塩はほとんど腎臓に負担をかけないので、摂りすぎに注意しつつ天然塩に切り替えるといいでしょう。

一つの例として、医療の現場で使用される点滴の液があります。実は、具合が悪いときに打つ点滴には、塩化ナトリウムが大量に含まれています。しかし点滴液には、塩化ナトリウムだけでなく血液の成分バランスに合わせたミネラルが配合されています。そのため、カラダに負担をかけないのです。

天然の塩分を摂取するのは、ミネラルバランスが整った点滴液を、体内に入れるのと同じこととなります。汗、涙、血液、鼻水、尿など私たちの体液は、すべてしょっぱいですよね。それだけカラダは塩分を必要としているので、天然の塩分はぜひ欠かさないようにしてください。

私は**白髪の改善のためには、塩だけでなく、調味料の「さしすせそ」、つまり「さ（砂糖）」「し（塩）」「す（お酢）」「せ（しょうゆ）」「そ（味噌）」の5種類をすべて、天然のものに変えることをオススメしています。**

**天然の調味料には、合成のものには欠けているミネラル、ビタミン、アミノ酸などの、白髪の改善に必要なたくさんの栄養素が含まれているから**です。

ミネラルの摂取源としては、有機栽培の野菜もとても優秀です。しかし、どうしても値段が高くなるのが厳しいところ。

その点、調味料であれば、合成のものに比べたら少し高価かもしれませんが、**数ヶ月単位で使うことができます。**白髪に働きかけてくれる栄養を考えたら、コストパフォーマンスは圧倒的に高いといえるでしょう。

## 「黒い食べ物」「ネバネバした根菜類」「ナッツ」を摂る

**漢方では「黒い食べ物」「ネバネバした根菜類」「ナッツ」が、腎臓や腎臓に関連する臓器にいい食べ物とされています。**たとえば次の食材となりますが、すべての食材が腎臓に直接的に作用するわけではありません。とはいえ、むくみを取る、免疫を上げる、肝臓の働きを高めるなどのかたちで腎臓をサポートするため、あえてピックアップしてみました。

- 黒い食べ物……黒米、黒ごま、あずき、黒きくらげ、昆布、ひじき、わかめ
- ネバネバした根菜類……レンコン、やまいも、里いも
- ナッツ……アーモンド、クルミ、松の実

また、これら以外でも、**牡蠣《かき》、海老、鮭などの魚介類、海苔や昆布などの海藻の塩味や、赤身肉、しいたけ、雑穀**などの「気」を補う食材は、腎を養うといわれていますので、積

極的に食べるようにしましょう。

## 痛み止めや風邪薬を習慣にしない

**痛み止めや風邪薬などに含まれる特定の成分は、腎臓に負担をかける**ことが知られています。そのため、習慣的に飲んでいると腎臓の機能に影響を及ぼし、白髪の原因になる可能性が高くなることもあります。

どうしても痛みや風邪の症状がつらいときでしたら、薬を飲むのは構いません。しかし、**もし慢性的に頭痛があったり、風邪をひきやすかったりする場合、原因を探って根本的に治療することが、健康のためにも白髪の改善のためにもいい**のです。

むやみに薬に頼らないカラダづくりを考えることが、結果的に白髪を防ぐことにつながるのです。

SECTION／3 活性酸素の除去

# ビタミンCやE、カロテン、ポリフェノールを摂る

イギリスのブラッドフォード大学のカリン・シャルルーター教授は、**活性酸素によってメラノサイトの働きが弱り、白髪を招く**と2009年に発表しました。

私たちのカラダには、活性酸素の産生を抑えたり、生じたことによるダメージを修復したりする働きがもともと備わっています。しかし現代の生活では、自己防衛機能だけでは追いつかないほどの活性酸素が生み出され、白髪の大きな原因の一つとなっているのです。

呼吸以外で体内で活性酸素が発生する原因としては、タバコ、大量の飲酒、紫外線、強いストレス、食品添加物、電磁波、激しい運動などが挙げられますが、現代はこれらが増えてしまったからです。

**活性酸素をできるだけ除去するためには、ビタミンCやE、カロテンやポリフェノールなどの「抗酸化物質」の摂取が効果的**です。

ビタミンCを多く含む食品には、キウイ、イチゴなどの果物、キャベツ、パセリ、ブロッコリーなどの野菜があります。ビタミンEはアーモンド、ピーナッツなどのナッツ類、かぼちゃ、モロヘイヤなどの野菜、うなぎ、たらこなどの海産物にも多く含まれています。カロテンの含有量が多い緑黄色野菜には、トマト、かぼちゃ、ピーマン、ほうれん草、ニンジン、アスパラガス、ブロッコリーなどがあります。ココア、ブルーベリー、赤ワインなどには、ポリフェノールと呼ばれる抗酸化成分が含まれています。

こうした食品を意識的に摂取して体内から活性酸素を追い出し、ダメージを受けた細胞を修復する働きを助けてあげることが、長期的にみた白髪の予防につながります。

また私は「甘いものがどうしても食べたくなる」という女性には、カカオのポリフェノールたっぷりの純ココアや、カカオが70％以上など多く含まれたチョコをデザートにオススメしています。ココアは苦いままではなく、蜂蜜などの天然の甘みを加えれば満足感がアップして、おやつタイムで日常のストレスが解消でき、さらにポリフェノールも摂取できるのです。

## 悪玉活性酸素だけをやっつける水素を、サプリから摂り入れる

数多くの研究結果から、**水素は有害な働きをする悪玉の活性酸素のみを除去し、細菌などと戦う善玉の活性酸素は取り除かない**ことがわかっています。

本来であれば、活性酸素ができるだけ発生しないような生活習慣を心がけるのが、白髪の改善のためには理想です。しかし実際には、活性酸素がまったく生まれないような生活を送るのはほぼ不可能といっていいでしょう。

そこで私は、**水素のサプリメントを摂取することをオススメ**しています。実際に、本書で紹介している他の白髪対策に加え、水素のサプリメントを飲み始めてから、白髪が大幅に減った人を私は何人も見てきました。

ただ日本では、サプリメントについて明確な基準が定められていないため、よいものと効果が薄いものを見極めるのが難しいのです。特に水素のサプリメントは値段も質もバラバラで「どれを選べばいいのかわからない」という声を多く聞きます。

そこで私は、**判断基準の一つとして「サンゴカルシウムに水素を吸着させたタイプ」を推奨**しています。

一般的には、炭酸カリウム、クエン酸カリウム、ステアリン酸カルシウムなどの素材から水素を発生させているサプリが少なくありません。しかし、このタイプは瞬間的な発生量は多くても、継続時間が短いといわれています。

一方で、サンゴカルシウムに水素を吸着させたタイプは、水素が安定して長く供給されるという違いがあります。

また、サンゴカルシウムにはさまざまなミネラルが含まれていますから、不足しがちなミネラルも同時に補給することができるのです。しかも、ミネラルバランスが血液中のものと似ているため、カラダに優しいのも特徴です。中でも、マグネシウムを多く含むものをオススメします。

水素水や水素水を発生させる機械なども、数多くの種類が出回っています。しかし、空気中に揮発してしまう量が多く、水に含まれる水素の量はわずかであることが多いため、水素水よりはサプリメントがいいでしょう。

# 水道水中の塩素。実は白髪を招く原因だらけ

多くの人が意識せずに行っている、**頭皮と髪に悪い習慣の一つが「塩素を浴びること」**です。

日本では、各家庭の水道の蛇口に水が届くまで「消毒された状態」が保てるように定められているため、塩素の濃度が比較的高くなっています。そのため、シャンプーをするときに塩素がたっぷり含まれた水を使うと、**頭皮の常在菌まで殺菌され、正常な発毛のサイクルが乱れます。**

また塩素は、水と反応して活性酸素の一種である次亜塩素酸を発生させます。**次亜塩素酸という活性酸素は、毛根を攻撃し白髪や薄毛の原因となります。**

さらに**塩素は、タンパク質を分解し正常な細胞も破壊する作用があります**から、頭皮の

状態だけでなく髪の毛のコンディションも荒らしてしまうのです。

塩素がカラダに及ぼす影響を示した実験を載せたサイトをご用意しました。こちらの二次元コードからアクセスすればご覧になることができます。

**塩素をできるだけ避けるためには、シャワーヘッドを塩素除去のタイプに変える**ことです。

ただ、どうしても市販のシャワーヘッドが合わない場合は、**お湯に入れると塩素を除去するタブレットが販売されていますので、そちらを入れた湯船のお湯で洗うといい**でしょう。

## 38〜39℃のぬるま湯に20分以上つかる

毎日の入浴は、白髪を改善するいいチャンス。シャワーだけで終わらせず、**5分でもいいので湯船につかりましょう。**湯船につかることで、**頭皮などの末端まで血流を促し、さらに副交感神経を活性化して、ストレスをやわらげることができます。**

お湯の温度は42℃以上だと交感神経を刺激しますので、**38〜39℃のぬるめに設定**し、じんわりと血流を促しましょう。時間があるときは**20分以上**、ゆっくりとつかってリラックスします。

**お湯につけて絞ったホットタオルを首にあてて温めたり、頭皮マッサージやツボ押し**（詳しくは後述）を行うと、白髪対策としてより効果的です。

**腎臓やホルモンの働きを高めるアロマオイルを湯船に2〜3滴垂らす**のもいいでしょう。アロマオイルとしてはゼラニウムオイル、スイートオレンジオイル、ラベンダーオイルがあります。

血管を拡張させる効果のある**炭酸水を入浴中に飲む**ことで、血流が改善されるので、湯船につかりながら飲むのもオススメです。

## 髪は2回洗うのが基本。1回目と2回目では、洗い方も違う

洗髪でももちろん、白髪を防ぐためにとても重要なポイントがあります。髪の洗い方、シャンプーやコンディショナーの選び方などを解説します。まずは洗髪方法から。

### ①髪の毛と頭皮全体をお湯で流す「予洗い」をする

お湯の温度は37～39℃に設定。汚れはしっかり落としながら皮脂は取りすぎないようにしたいので、熱すぎずぬるすぎずの温度がいいのです。

60秒ほどかけてじっくりと流すことで頭皮を温め、汗やホコリなどの水溶性の汚れを取

り去ります。おでこの上からえりあしまで、まんべんなくお湯をかけて流しましょう。

**②1回目はゴシゴシとこすらない**

髪は「2回洗い」が基本です。1回目は、皮脂やスタイリング剤などの油溶性の汚れを落とします。手にシャンプーをとって泡だて、頭皮全体に泡を押し付けてから流しましょう。

このとき、頭皮をゴシゴシこする必要はありません。なぜなら、シャンプーに配合されている界面活性剤は、泡が汚れを吸着する仕組みになっているからです。

むやみにこすると頭皮の角質層を荒らすだけでなく、健康な髪の毛が生えるための環境を整えている皮脂膜が、過剰に奪われてしまいます。すると血液で運ばれた栄養は、頭皮の状態を回復させるために使われてしまい、黒いしっかりとした髪の毛を育てるためのパワーが減ってしまうのです。

食器を洗うときも、洗剤をしっかり泡だてていれば、ゴシゴシこすらなくてもほとんどの汚れは落ちますよね。逆にこすりすぎると、コップやお皿は傷つきやすくなりませんか。

## ③2回目は、マッサージをしつつ洗う

2回目に、白髪に対抗する頭皮環境を整えます。シャンプーの泡を頭皮になじませながら、1～5分ほど頭全体をマッサージして血流を促しつつ洗い流しましょう。

頭の筋肉と頭皮は、重力によって常に下に引っ張られてこわばりがちです。それなのに、腕や脚とは異なり動かすことができないため、どうしてもこりやすく血流が滞りやすい。そのため洗髪時には、できるだけ頭の筋肉と頭皮を上に持ち上げてマッサージしてほぐしてあげることが大切です。また、重力で引っ張られて縮んだ毛穴を押し上げて開くことで、余分な皮脂が押し出されやすくなります。

手根《しゅこん》（手のひらのつけ根にあるふくらんだ部分）を使い、ギュッギュッと上に持ち上げるようにマッサージした後、後ろ回りに円を描くように回しましょう。

頭の前と横については、両肘《りょうひじ》をつきながら行うと力が入りやすくなります。風呂場では、バスチェア（イス）に座って、両腿《りょうもも》に両肘をつくとやりやすいでしょう。バスチェアがない場合は、風呂場の床に直に座り膝《ひざ》を立て、両腿に両肘をつければできます。

## 【2回目のマッサージしながらの洗い方】

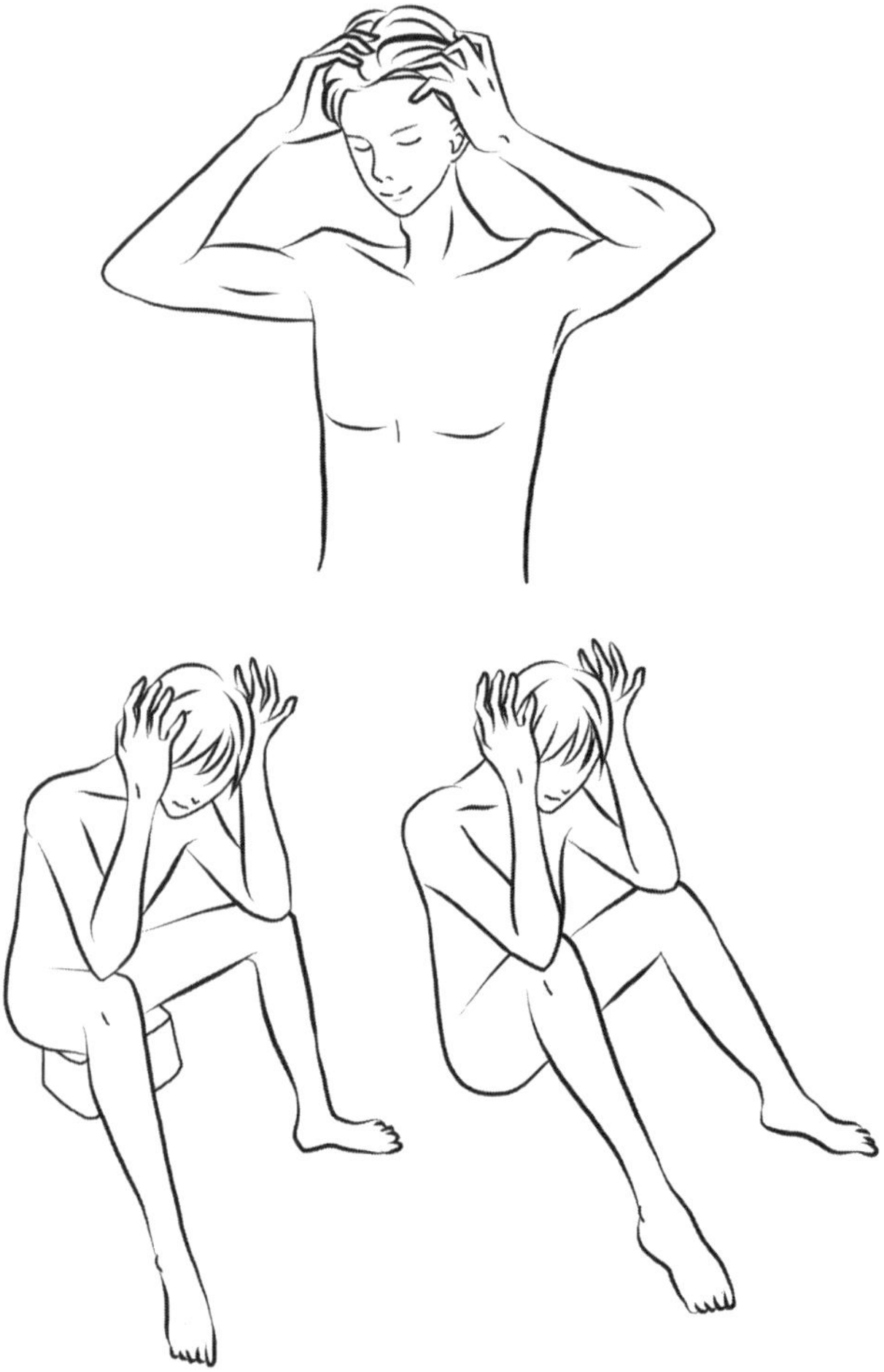

# 天然成分由来にこだわるのはシャンプーだけでいい

まず、白髪にいいシャンプーやコンディショナー、そして整髪剤などの正しい選び方の基本は**「地肌につけるものは、できるだけ天然成分を選ぶ」**ということ。髪の毛と地肌を洗うシャンプーは天然に近いものをチョイスします。

一方でコンディショナーやトリートメントは、頭皮にもつけるのを推奨していないものについては、頭皮に付着することを避けるべきであり、髪の毛だけにつけるものなので、仕上がりの好みで選んでもさほど大きなダメージはありません。

シャンプーには、洗浄成分として界面活性剤が配合されています。**界面活性剤は大まかには、「高級アルコール」「アミノ酸」「石鹸」の3種類。**

このうち**「高級アルコール」**は、一般的に合成の界面活性剤といわれ、洗浄力が特に強く、必要な皮脂まで取り去り、頭皮を保護する**常在菌を殺してしまいます。**「高級アルコール系」の界面活性剤には「ラウリル硫酸○○（ナトリウム、など）」「ラウレス硫酸○○」「ラウリルベンゼンスルホン酸ナトリウム」などがあります。成分表示を見て、これらの成分が配合されているシャンプーは**避けたほうがいい**でしょう。

ただし、高級アルコール系に属するものの、「○○カルボン酸」と表示されたもの（ビューライト系と呼ばれています）でしたら、適度な洗浄力がありつつも刺激がトップクラスで低いため、覚えておくといいでしょう。

「ココイル○○」「○○タウリン」「○○ベタイン」などは、**天然の植物からつくられた「アミノ酸」で、頭皮に優しいのでオススメ**です。

**「石鹸」については、頭皮への刺激は少ない**です。ただし、スタイリングやコンディショニングの成分が入っていないので、髪がきしむことがあり、髪が長い人には影響が大きいでしょう。

なお石鹸といっても、**純石鹸に限ります**。純石鹸とは、水と、「石けん素地」か「カリ石ケン素地」のみが成分表示に記載されているもの。それ以外の成分が入ったものは純石鹸とはなりません。

一方で、**コンディショナーや整髪剤は、天然成分にこだわらなくても大丈夫。**髪の毛は、死んだ細胞が押し出されて伸びたものであるからです。髪の毛につけるものが、これから生えようとする髪や、できるかもしれない白髪に対して影響を及ぼすことはありません。

天然成分由来に限定すると、どうしても「見た目の仕上がりや手触りがイマイチ」ということがあります。髪の毛がギシギシ、ゴワゴワして状態が悪くなってしまっては、気分も憂うつになりますし見た目にも影響します。ですからコンディショナーや整髪剤などは、好みの香りや仕上がりになるものを選ぶといいでしょう。

**ただしコンディショナーや整髪剤は、地肌にはつけないこと。**特にほとんどのコンディショナーは、髪の毛の状態を整えるためのものであり、頭皮を健康に維持したり栄養を与えたりするものではないからです。

# シャンプーで落とせない汚れを除去する「オイルパック」を行う

**シャンプーで落とせない汚れがあるのを知っていましたか？　それは、「過酸化脂質」。**

過酸化脂質とは、皮脂が分泌されてから時間が経って酸化した汚れのこと。皮脂は、汗やホコリだけでなく、シャンプーやコンディショナーなどのすすぎ残しと混ざり、少しずつ過酸化脂質に変わります。

過酸化脂質を取り去るためにはスペシャルケアが必要です。**そのケアこそ、以下でご紹介する「オイルパック」**なのです。オイルパックのやり方はとても簡単で、次の４ステップとなります。

**【ステップ１】髪の毛全体をお湯で流す**

37〜39℃のお湯でざっと汚れを落とすと同時に、オイルが必要以上に髪の毛に吸収されるのを防ぎます。乾いた髪にオイルを塗ってマッサージをすると、髪や頭皮が摩擦《まさつ》を起こ

【ステップ3】　【ステップ2】

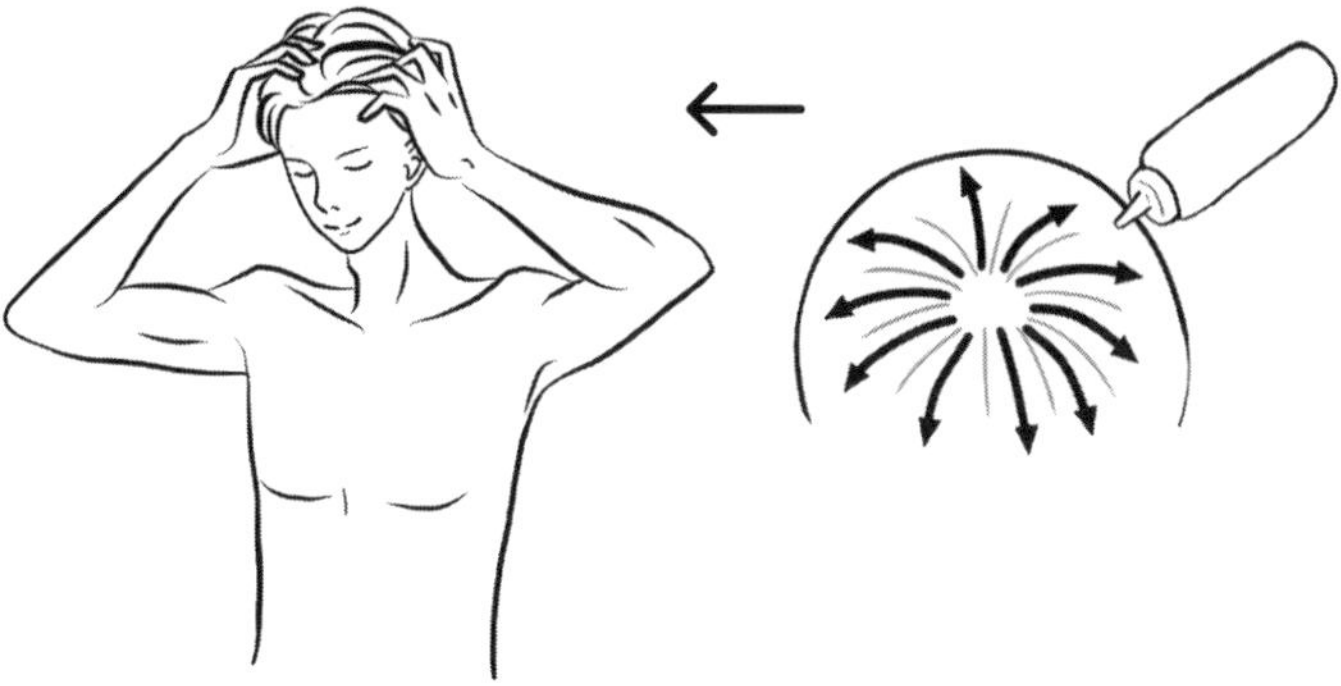

してしまいます。

**【ステップ2】オイルを塗る**

頭頂部から放射状に、10本くらいのラインを描くように、オイルを頭皮全体に広げます。

**【ステップ3】マッサージをして、15分間放置する**

マッサージをしてオイルをしっかりと頭皮になじませます。マッサージはp93の「**③2回目は、マッサージをしつつ洗う**」にあったのと同じです。

マッサージが終わったら、15分間放置します。このとき、蒸しタオルで頭部を巻くと、汚れを浮き出しやすくなります。
蒸しタオルは、次の手順で用意できます。
1）フェイスタオルを水でぬらす
2）タオルを水がしたたらない程度に絞る
3）タオルを三つ折りにし、ビニール袋に入れる
4）電子レンジで1分程度（冬期は20秒ほどプラスしてもよい）、500Wで加熱する。やけどしないくらいに冷ましてから使う

**【ステップ4】洗い流す**

37〜39℃のお湯でざっと流した後、シャンプーで洗い流しましょう。

「オイルパック」の効果を最大限に引き出すための、重要なポイントが2つあります。

**❶植物性の天然成分100%のオイル**（ホホバオイル、アーモンドオイル、セサミオイル、アボカドオイル、オリーブオイルなど）を選ぶ。一方で、ベビーオイルなどのミネラルオイルは、肌に浸透しにくく汚れを浮かしにくいので避けたい

❷頭皮全体がしっとりするよう、**オイルは1回に20㎖とたっぷり使う。**「もったいない」「ベタつくかも？」と量を少なくすると、酸化汚れが浮き出しにくくなってしまう

これまでに蓄積した酸化汚れを集中的に取り去るためには、**まず1週間に1回**、おおよそ1ヶ月に4回はオイルパックを行います。

**頭皮が整ったら、月に2～3回のペースで続けていく**といいでしょう。

## ドライヤーは髪のみにあてる。風をあてる向きが重要

**頭皮の環境を悪化させ、白髪を生み出す要因となるのが乾燥です。頭皮をパサパサに乾かしてしまう最大の原因が、ドライヤーの熱風**なのです。

シャンプーで洗った後、タオルドライ（タオルで水分を取ること）をしてから、ドライヤーで乾かす人は多いと思います。濡《ぬ》れたままで寝てしまうと、枕などの摩擦で髪の毛の

表面を覆うキューティクルがはがれやすくなり、髪の乾燥やダメージの原因となりますから、確かに乾かす必要はあります。

でも注意していただきたいのですが、乾かしてほしいのは髪の毛だけで、地肌にはドライヤーの風をあてる必要はありません。むしろ、**頭皮は適度に水分を残して保湿するのが正解**。

よく「頭皮を乾かさないと、雑菌が繁殖しませんか？」と聞かれますが、頭皮の余分な水分は体温で蒸発しますから、**タオルドライだけで十分**なのです。

一方で頭皮と違って、髪はむしろドライヤーですぐに乾かしてください。髪は４つの結合でできていますが、濡れているとそのうちの一つである「水素結合」が切れた状態になっています。濡れた時間が長くなると、その切れた状態が続いて髪に重力が強くかかったままになり、ダメージを与えてしまうのです。

ただしドライヤーの使い方が大事で、**頭皮に向かって直角に風をあてないのが、頭皮を乾燥させないコツ**です。髪の毛だけを乾かすように、髪の流れに沿って上から下へ、もしくは下から上へと風を送りましょう。

## 育毛剤、頭皮ローションなどは、使ったほうがいい？

頭皮に使う**保湿効果が高いローションや化粧水などは、頭皮の乾燥を防ぎます。**そのため、使うのが面倒でなければ使用したほうが、頭皮環境は整いやすいといえるでしょう。

特に、カサカサしたフケが多い人は、頭皮が乾燥しているはずです。このタイプは皮脂を落としすぎないよう、シャンプーの選び方と方法を変えたうえでローションを使うと、頭皮の環境が改善されて白髪対策にもよい影響を与えます。

ねっとりしたフケが出る場合はどうでしょう。9割の人は、洗浄力の強いシャンプーで皮脂を取りすぎた結果、カラダが過剰に皮脂を分泌しています。残りの1割の人は、もともと皮脂の分泌が活発なタイプです。

**フケが多い人はどのタイプでも、まずはシャンプーと洗い方を、本書で紹介しているものに変えてみてください。そのうえで必要であれば、頭皮ローションを使うといいでしょう。**

近年、明日葉《あしたば》というセリ科の薬草から抽出された**アシタバエキス**が、メラノサイトを刺激して白髪を改善したという結果が報告されています。

また、**フルボ酸**という、もともと土壌の中に存在する有機酸の一種は、細胞を活性化させミネラルの運搬を助けることがわかっています。

ミネラルたっぷりの海藻エキス（藻のネバネバ）として、クラドシホンノバエカレドニアエ多糖体、クラドシホンノバエカレドニアエエキスがあります。

頭皮の乾燥を防ぎ、さらに白髪の改善に働きかけるためには、こうした成分が配合されたローションを使うのもいいでしょう。

ときどき、育毛剤を使うと白髪によくないのかと聞かれることがあります。

育毛剤の種類は多く、配合されている成分もさまざまですが、基本的に保湿効果が高く頭皮環境を整えるものを選べば、白髪に悪影響を及ぼすことはないでしょう。

## ブラシは頭皮マッサージが目的なら、ピンか根元の素材で選ぶべし

髪の毛の絡みをほぐしたりスタイリングをしたりするブラシと、頭皮のマッサージ用のブラシは、目的が異なるため素材や形状が異なります。そのブラシで何をしたいかを決めて選ぶようにしましょう。私の場合は、髪の絡みを取るブラシ、シャンプーブラシ、スタイリングブラシはすべて特化された商品を選ぶというように使い分けています。

もし、**頭皮のマッサージを目的としてブラシを使うなら、ピン（毛の部分）の素材がナイロン、もしくは根元のクッション性が高いものにしてください。**ピンの素材がシリコン

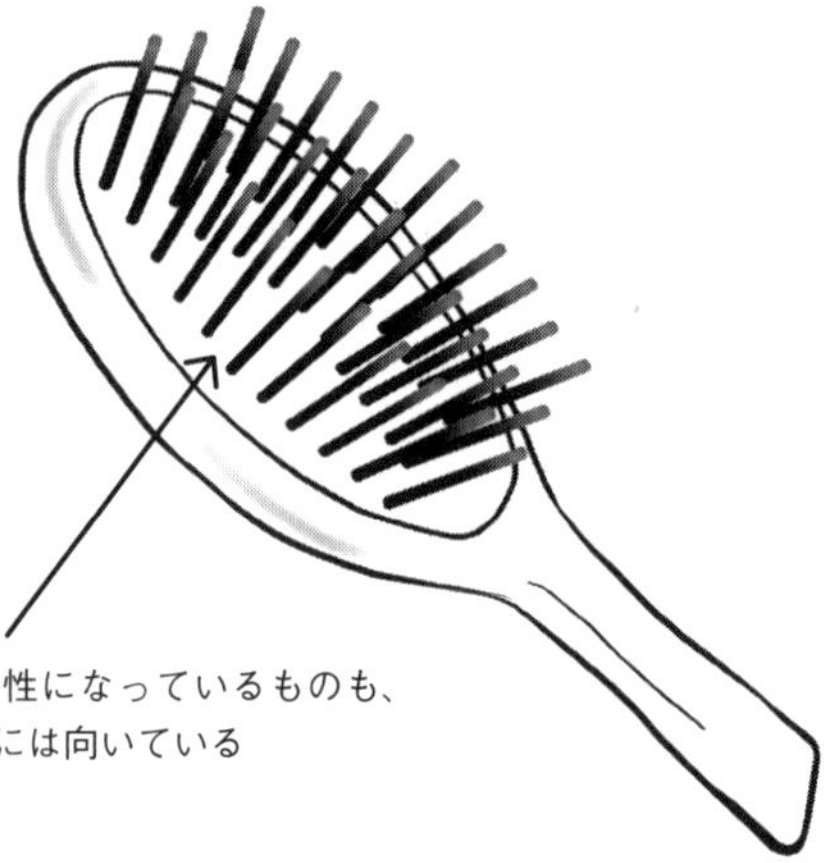
根元がクッション性になっているものも、
頭皮のマッサージには向いている

やプラスチックのように硬かったり、クッション性がない土台にピンが植えられていたりすると、知らぬ間に頭皮を傷つける可能性があるからです。

頭皮に細かな傷がつくと、修復するために血液中の栄養が使われてしまい、髪の毛を黒くするための栄養が減ってしまう可能性があります。

また、獣毛のブラシがいいという説もありますが、髪の毛が細かったりくせ毛で絡みやすかったりする人は、摩擦が強く髪のダメージの原因になることがあります。

**スタイリングブラシは、静電気を発生しにくくし、保湿しながらスタイリングのできるタイプがオススメ**です。私はＮｕＷａ y製のブラシを使っています。

他にも、絡みやすい髪をとかすブラシとしては抜け毛を防げるタングルティーザー製など、それぞれの用途に最も適したブラシがあります。

# 深夜0時になる前に寝る

忙しい現代人は、ついつい眠りにつく時間が遅くなりがち。決まった時間にベッドに入らず、不規則な生活を送る人も少なくないでしょう。でも、白髪の改善を考えたら、**遅くても深夜0時前には布団に入ってほしい**のです。

カラダを活発に動かす役割を果たす交感神経は日中に優位に働き、リラックスさせる副交感神経は夜に活性化されます。**白髪を防ぐうえでは理想的となる、自律神経の1日のサイクルというものがあります。**交感神経と副交感神経が夕方18時頃に入れ替わり、深夜0時頃には交感神経が抑えられて、副交感神経が優位になるのが理想なのです。

ところが、深夜まで起きて動画を見たりゲームをしたりしていると、休んでいるはずの交感神経が働き続けてバランスが乱れます。交感神経ばかりが優位になると、心身に過剰なストレスがかかります。そして、頭皮をくまなくめぐる毛細血管が収縮してしまうのです。

また、全身の細胞は、眠っている間にダメージを修復し成長を促します。カラダを構成する組織の維持に重要な役割を持つ成長ホルモンは、睡眠直後の深い眠りのときに分泌されるのです。

しかも、夜中の3時以降はほとんどつくられないため、深夜0時前に眠りにつかないと、その恩恵を受けることができなくなってしまい、健康な髪の毛の状態を維持するのが難しくなって白髪を招きます。

ちなみに、**人間のカラダは寝だめができるようにはできていません。**日頃は睡眠不足だからといって週末に長い時間眠るのは、体内リズムを乱し睡眠の質を劣化させて、髪の毛と白髪によくない影響を及ぼします。

「そうはいっても、急に早く寝ることはできないよ」という人は、数日頑張って、朝の5

時や6時に起きてみてください。無理に早く寝ようとして、ベッドの中で寝付けずにいるよりよほど簡単に、早く眠れるようになるはずです。

**リラックス効果があるとされる432Hzや528Hzの音楽を聴くと、快眠が促進されます。**432Hzや528Hzの音楽は、Amazonや楽天などのネットショップで検索すれば出てきます。

**安眠効果のあるアロマを嗅ぐ**ことでも、睡眠の質を高められます。アロマとしてはフランキンセンス、バレリアン、ラベンダー、スイートオレンジなどがあります。

## 枕は寝返りのしやすいものを選ぶ

現代人は、スマホやパソコンなどの画面を見る時間が長く、うつむきがちで首がこっている人が増えています。首がこると頭部への血流が激減します。

日頃の姿勢に気をつけるのはもちろん、寝るときには、ご自身の**首のカーブに合った枕をチョイスするのが重要なポイント**です。自分に合わない枕を使うと、おおよその睡眠時間である6～7時間の間、ずっと首を圧迫して血流を滞らせてしまうことになります。

首トラブルの解消で評判の治療院を運営する小林篤史氏によると、**枕選びの最大のポイントは「寝返りの打ちやすさ」**。寝返りが打ちやすい枕選びのポイントは、「材質」「硬さ」「高さ」の3つが自分に合ったものであることだそうです。

ふわふわしたやわらかい「材質」は寝心地がよさそうに思えますが、実は頭が沈み寝返りが打ちにくい。一方で「硬さ」がありすぎても、痛みを感じて頭を動かすたびに眠りが浅くなる可能性が高くなります。やわらかすぎず、硬すぎない材質で、頭を動かして違和感がないものを選びましょう。

また「高さ」については、頭を乗せたときに首の自然なカーブが維持できるものが、首に負担をかけずに自然な呼吸を妨げません。

頭の大きさや形、カラダの大きさなどの違いから、一人一人に合う枕は異なります。寝ている間の血流を確保するためにも、「材質」「硬さ」「高さ」から、朝起きたときに首のこらない、気持ちよく目覚められるものを探してください。枕は高すぎる場合は首の横や前がこりやすくなり、低すぎると首のつけ根が痛くなる傾向があります。これをもとに、ちょうどいい高さの枕を見つけましょう。

この際、少し値は張りますが、オーダーメイドでもいいでしょう。枕は毎日使うものですから、それくらいお金をかけてもいいと思います。

## 紫外線対策。帽子以外にもまだまだある

知らず知らずのうちに頭皮の環境を悪化させ、**白髪の原因となるのが紫外線**です。紫外線を浴びた皮脂はすぐさま酸化して過酸化脂質となり、髪の毛を生み出し色をつける細胞を傷つけます。

さらに、頭皮の奥深くまで入り込む「UV－A」がメラノサイトを痛めつけ、肌の表面に炎症を起こす「UV－B」が乾燥や常在菌のバランスの乱れを招きます。そのため、白

髪に悩む人は、できるだけ紫外線から頭皮を守ることが大切です。**頭皮専用の日焼け止めの種類は多くありませんが、ボディ用やヘア用などでも構いませんので、ムラなく全体につけやすいスプレータイプのものを選んで、屋外で活動するときには使う**ようにしましょう。

日焼け止めには通常、「SPF」と「PA」という表示がされています。**「SPF」**とは「UV-B」を防ぐ効果を数値で表したもの。1～50までの数値は、何も塗らなかった場合と比較して、どれくらい長い時間「UV-B」による炎症を防ぐことができるかを示しており、数値が大きいほど防御効果が高いことを表します。

また**「PA」**は、「UV-A」を防ぐ効果を表しており、4段階の「＋」マークの数が多いほど効果が高くなります。

**強い日差し**が降り注ぐ、炎天下のレジャーやマリンスポーツを行うときなどは、「SPF30」「PA＋＋＋＋」を選ぶといいでしょう。SPFはあまり高いと刺激が強くなるので、頭皮については30以下にとどめるのが理想です。

また、日差しが強い場所に長時間いる場合、白髪への影響を防ぐため、**必ず帽子をかぶりましょう。**

**日常生活**や、ちょっとした屋外でのアクティビティを行う場合は「ＳＰＦ20」「ＰＡ＋＋」程度が目安になります。

特に、分け目の白髪が気になる方は、紫外線を防ぐことを意識してください。

また、**ときどき分け目を変えてみるのもいい**でしょう。

SECTION 6 ツボ押し・マッサージ

## 探しやすく押しやすいツボを厳選

頭皮やカラダの血流を促し、腎臓をはじめとする内臓の働きを助けることで、白髪の改善に働きかけるのがツボ押しです。こちらでは、**すべてのタイプの白髪に効果が期待できるツボを厳選して紹介**します。それも、同じような効果が見込めるのであれば、探しやすく押しやすいツボを選んでいます。

日常生活の合間に、気づいたら刺激しましょう。じわじわと白髪ができにくい体質へと変わっていくはずです。

**ツボ押しは「6秒押して、6秒休む」を3回程度行うのが目安です。**

**ただし、押している間に「イタ気持ちいい」など効いている実感があれば、秒数や回数**

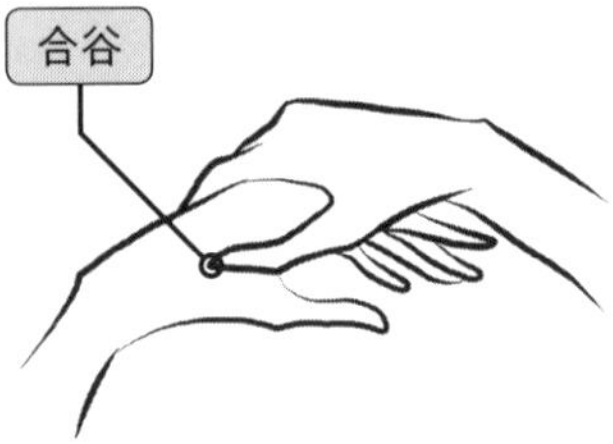


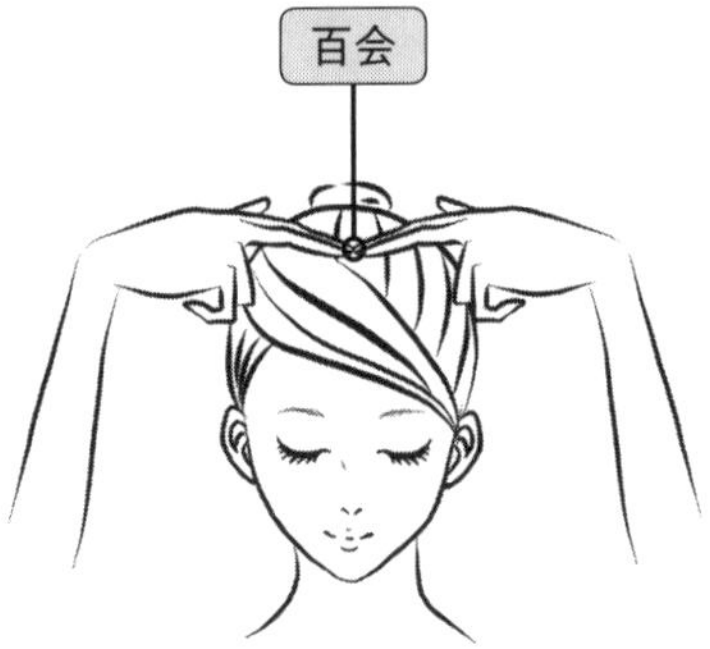


**にこだわらず、調整していただいて構いません。**

**●百会**（ひゃくえ）

両耳の上端を結んだ線の真ん中、頭頂にあるツボ。頭皮の血流を改善し、白髪をはじめとする髪のトラブルに絶大な効果を発揮します。自律神経のバランスも整えますので、ストレス緩和にも役立ちます。

指のはらを使い、頭の中心に向かって押しましょう。

**●合谷**（ごうこく）

手の甲側の、親指と人差し指のつけ根の、人差し指側の骨のキワにあるツボ。総合的

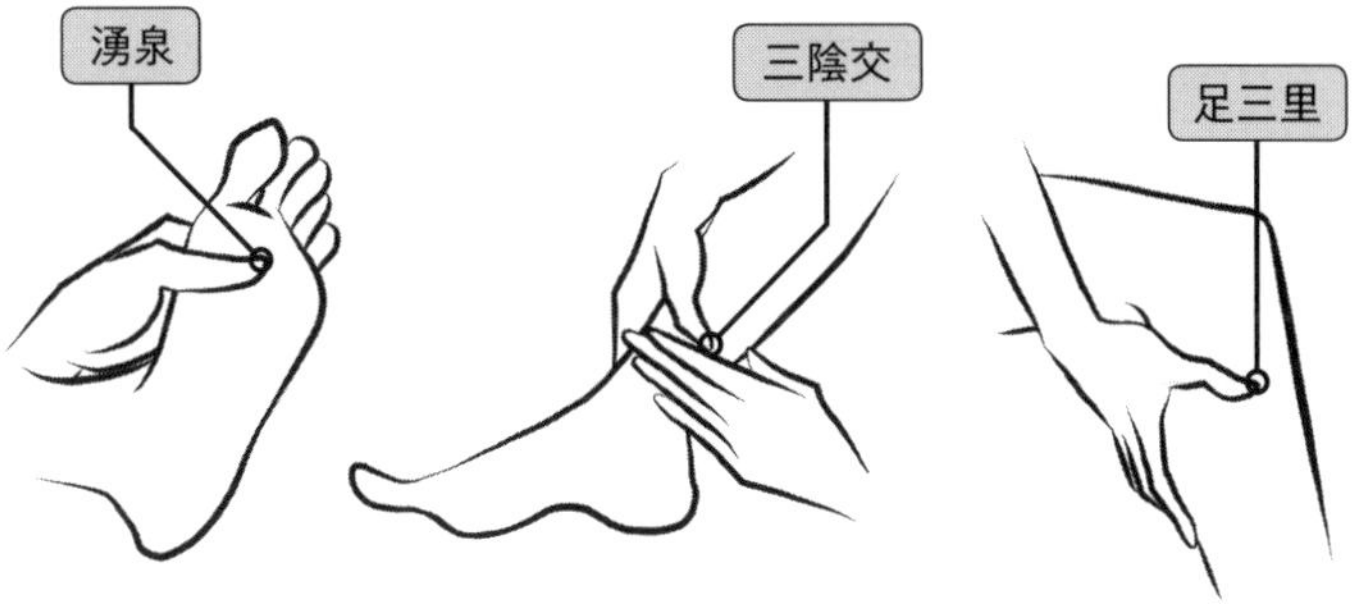


に生命力を高めて、白髪を防ぎます。肩や首のこりにも効果を発揮し、頭部への血流を促してくれます。
反対の手の親指で、骨の内側に押し込みます。

**●足三里**（あしさんり）
膝下、すねの外側で2本の骨が交差するくぼみにあるツボ。胃腸の働きを助けて、体内の循環を促します。その結果、血流が促進され、腎臓や肝臓での解毒作用がスムーズに行われて白髪を防ぎます。

指のはらで膝に向かって引き上げるように押しましょう。

### ●三陰交（さんいんこう）

内くるぶしの中心に片手の小指の端をあてたとき、指4本分上、つまり人差し指のわきに位置するツボ。東洋医学では、人間のカラダにはエネルギーが流れる経路が12本あるとされ、そのうち「脾経《ひけい》」「腎経」「肝経」の3つの経絡が交わるのが「三陰交」です。血流を促進しホルモンのバランスを整えて、腎臓をいたわりながら白髪になりにくいカラダに導くツボです。

脚をつかむようにして、骨のキワに親指をあてて、内側に入れ込むように押しましょう。

### ●湧泉（ゆうせん）

足の裏で、人差し指の骨をかかとのほうにたどっていくと、くぼんでいる部分があり、そこが「湧泉」です。腎経の経絡の始点であり、足から全身へとエネルギーを送ることができるツボ。血流を促進し代謝を活発にして、頭皮の環境を整えます。

親指のはらで、指の方向に向かって押し上げます。

また「湧泉」は足の裏にあるため、イスに座って作業をしているときやスマホを見ているときに、ゴルフボールなどの固めのボールを転がしながら刺激することもできます。

# 「あいうえお」マッサージ

ここまで何度もお伝えしてきたように、白髪の予防・改善には頭皮の血流をよくすることがとても大切。ここでご紹介する「あいうえお」マッサージでは、側頭筋《そくとうきん》と咬筋《こうきん》（あごの両サイドにある筋肉）のこわばりを重点的にほぐしますが、こうすることで頭の筋肉全体にストレッチ効果が加わって効率よくほぐすことができ、頭部の細かい血管に血液を十分に送り込むことができます。

頭部には大きく分けて、おでこの上に広がる「前頭筋《ぜんとうきん》」、耳の上から頭部の横にかけての「側頭筋《そくとうきん》」、そして頭の後ろから首にかけての「後頭筋《こうとうきん》」という3つの筋肉があります。ただし、側頭筋の上には側頭筋膜があります。側頭筋膜が覆われている部分の上からほぐしても効果は高いのですが、側頭筋膜で覆われていない部分をほぐすと、より効果的です。p120の下側のイラストで、網掛け（グレー）になっている所が、側頭筋膜で覆わ

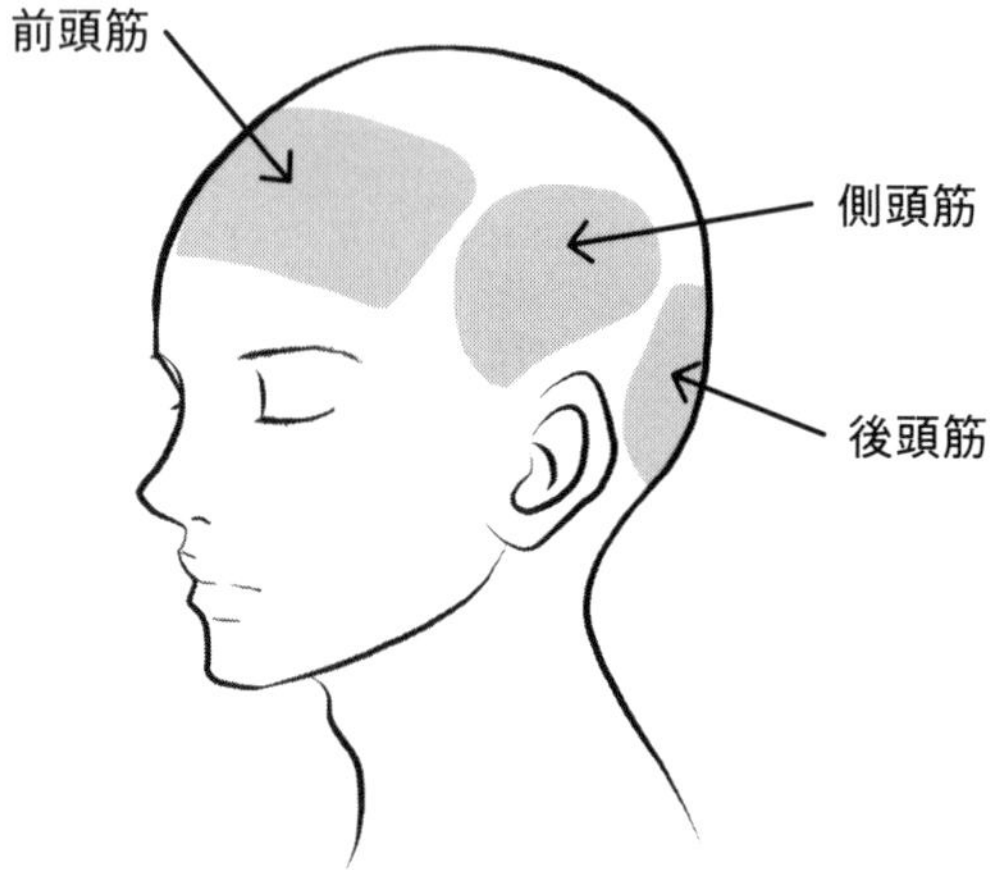
前頭筋
側頭筋
後頭筋

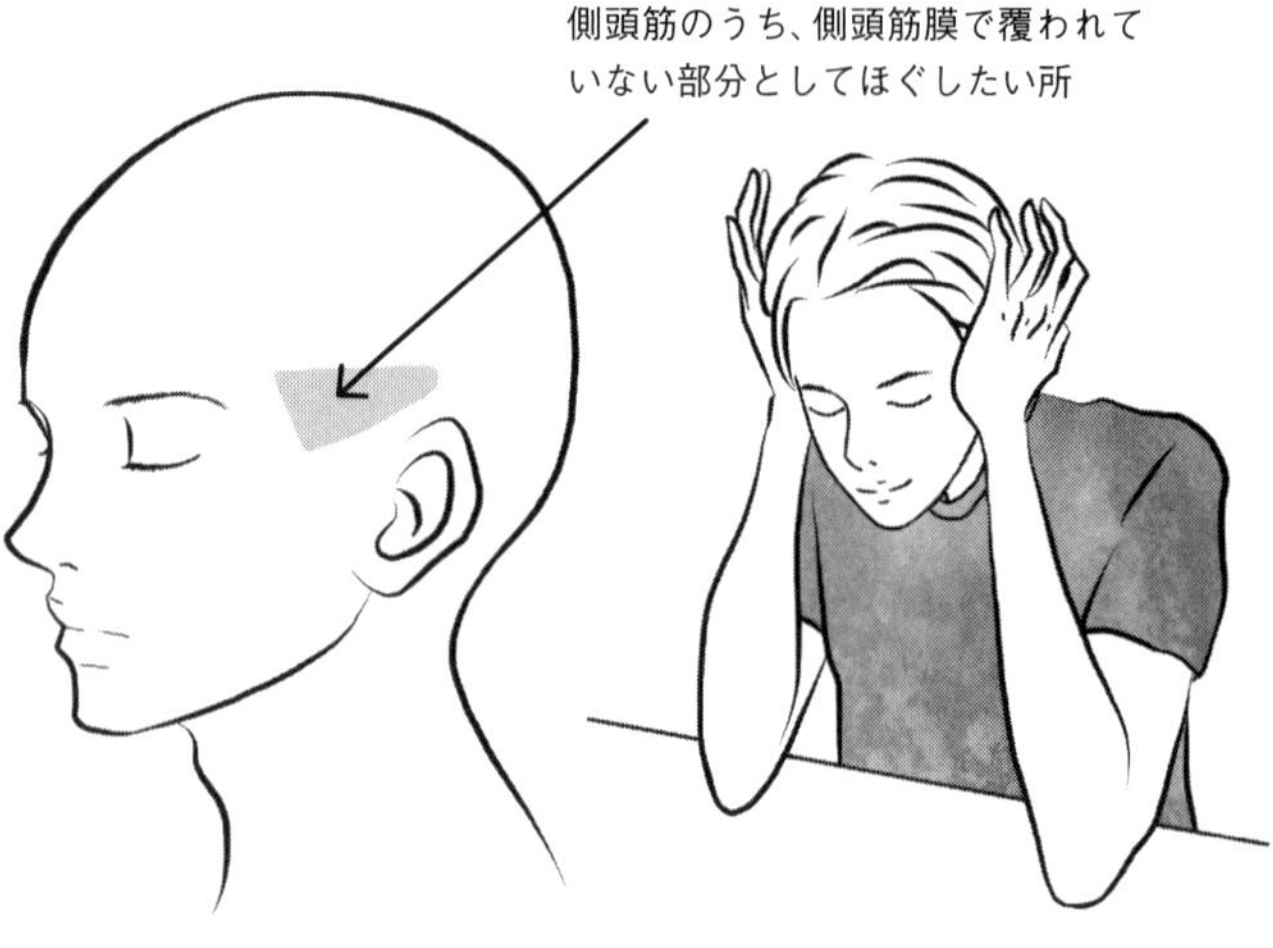
側頭筋のうち、側頭筋膜で覆われていない部分としてほぐしたい所

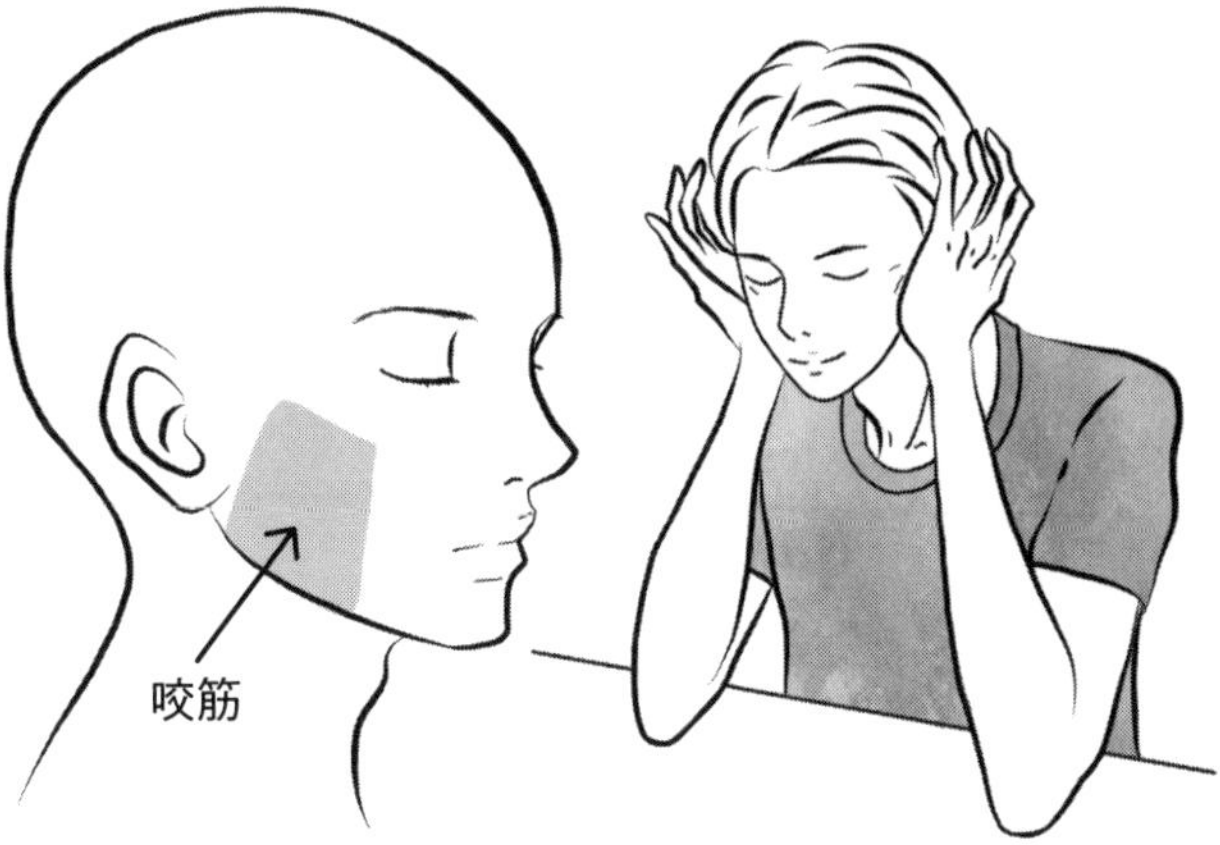


れていない部分となります。

手順は次の通り。

①椅子に座り、手根をp120の下側のイラストで、網掛け（グレー）になっている所にあてる。手の位置はそのままで、デスクなどに肘をつき頭を下げるようにすると、網掛け部分をグッと押し上げやすくなります。

②その姿勢のまま、ゆっくり「あ、い、う、え、お」と言うように、口を大きく開けて動かすことを3回繰り返しましょう。

③咬筋についても、p121のイラストのように、同じようなことを行います。

# 第4章

# タイプ別<br>白髪対策をプラスする

――白髪の集中する場所を狙い撃ちすることで、
さらなる効果が期待できる

## もっと白髪対策をしたい人。他にもやるといいことがあります

ここまでは白髪が気になる人、全員に向けて「やめるべきこと」「やるべきこと」「気をつけること」についてお伝えしてきました。

本章では、「生え際」「もみあげをはじめ横」「分け目・頭部全体」と、部分的に白髪が多いタイプの対処法についてお話ししていきましょう。これらの対処法を追加することで、白髪対策の効果がいっそう高くなります。

ただし、ここでいう「生え際」「もみあげをはじめ横」「分け目・頭部全体」タイプとは、他の部分に白髪があまりないのに、局所的に集中しているケースを指します。

全体的に白髪があり、中でも「生え際」や「もみあげ」に多いという場合は、第3章の「全タイプ共通」のケアをしっかり行い、そのうえでタイプ別を実践してください。

SECTION／1 生え際集中タイプ

# 顔のむくみが大きな原因

これまで1万人以上の白髪を見てきた私の経験から、おでこの生え際に白髪が多い場合、**顔のむくみが原因であることが多い**と思います。中医学の経絡の見解とは少々異なるのですが、生え際の白髪については物理的要因のほうが大きいと経験上判断しています。

むくんだ顔が**重力で下に引っ張られると**、おでこの生え際の皮膚に負担がかかります。

特に、前頭部の皮膚は頭頂に比べてやや薄いため、**すぐに突っ張っぱられてしまい、血流が悪くなり白髪の原因となる**のです。

## 枕、姿勢に注意。水をこまめに摂取する

顔がむくむ原因としては、まず肩や首のこり、合わない枕で寝ていることにより、首から上の代謝が悪くなることが考えられます。

この場合は、**自分に合う高さや硬さの枕を選びます。**日常生活では、パソコンやスマホの画面をのぞき込むように**前かがみになったり、肩を前に丸めたりしないようにしましょう。**

次に、水分が不足して体内に水をためこむ、アルコールの飲みすぎによって血管が拡張する、静脈やリンパによる水分の処理が間に合わない、などが原因でむくむことがあります。

**1日1リットルを目安に、こまめに水分を補給してください。アルコールを飲むときは、一度に大量に摂取せず、代謝を助けてあげるよう、水も同時に口にするようにしましょう。**

また、腎臓の機能が低下しているとむくみやすくなります。

**日頃から調味料は天然のものに変え、習慣的に薬を飲まないなどして、腎臓をいたわるようにしましょう。**

## 生え際集中タイプにオススメのツボやマッサージ

**●水分**（すいぶん）
おへそから親指1本分、上にあるツボ。
体内の水分を調節し、むくみに働きかけます。

**●四白**（しはく）
両目の下から指2本分、下にあるツボ。

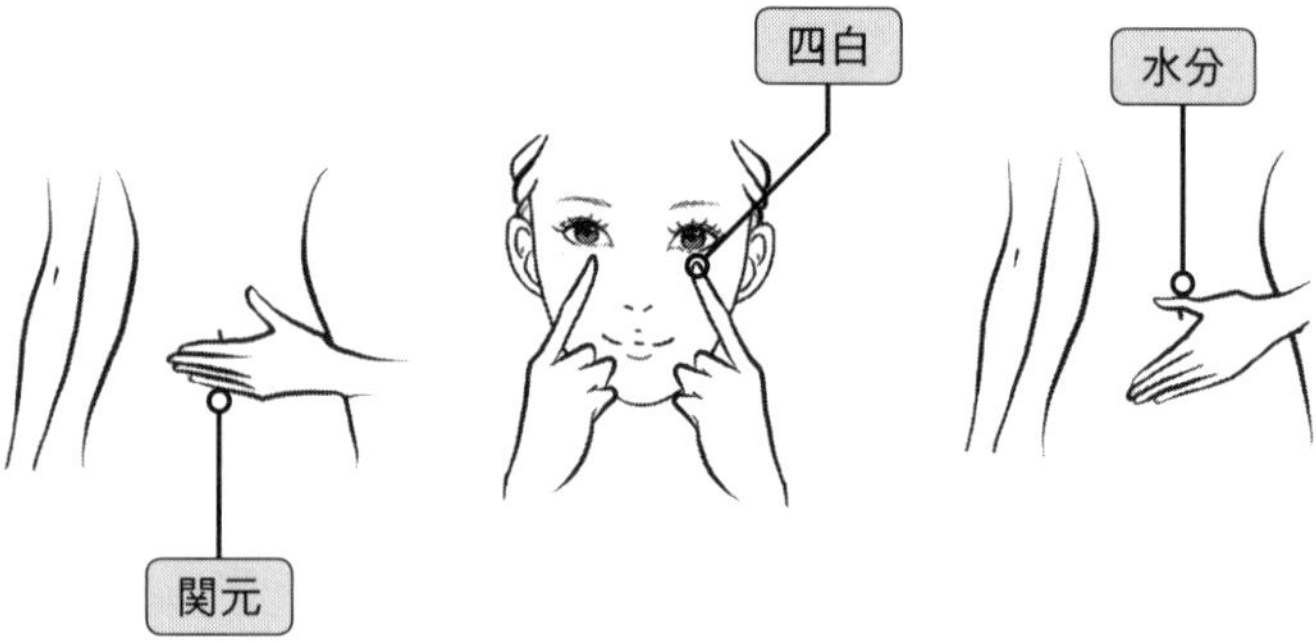


顔のむくみを減らすだけでなく、顔の血流も促します。

**●関元**（かんげん）

おへそから、指4本分下がったところにあるツボ。

腎臓の働きを活性化して、代謝を正常にします。

「6秒押して、6秒休む」を3回ほど行うのを目安に、自分が気持ちいいと感じる範囲で調整してください。

**●マッサージ**

生え際集中タイプは、生え際近辺だけで

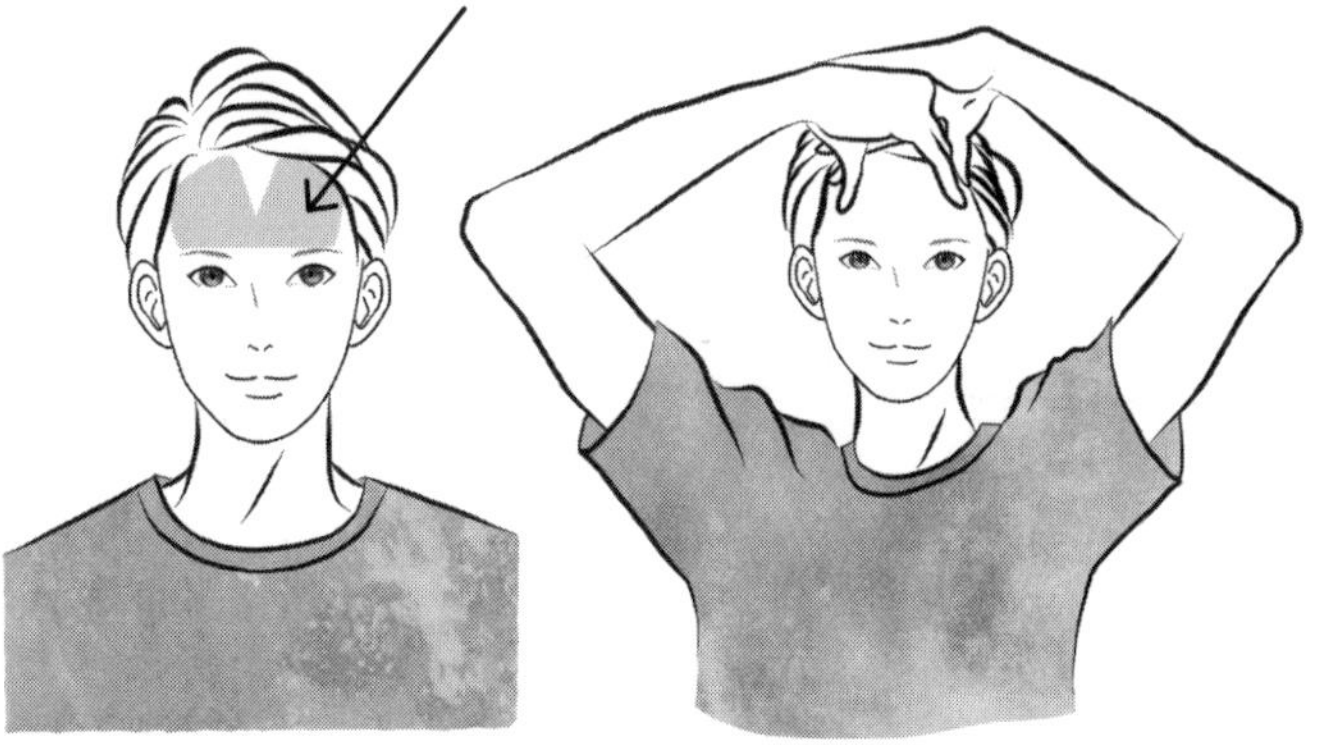


なくおでこから続く、まゆ毛の上から生え際にかけて広がる前頭筋をまんべんなくほぐして血流を促すことがポイントです。
両手の親指と人差し指を使い、皮膚と筋肉を中央に寄せていくようにしていきます。

## ●腸《ちょう》腰《よう》筋《きん》ウォーキング

腸腰筋とは、後背部から始まる大腰筋という筋肉と、骨盤の内部から始まる腸骨筋の2つの筋肉から構成されるインナーマッスルで、体幹と脚をつなぐ唯一の筋肉です。骨盤や股関節を動かす筋肉であり、東洋医学では、腎経の経絡と密接なつながりがあるといわれています。

そのため、腎臓の働きが低下しがちな生

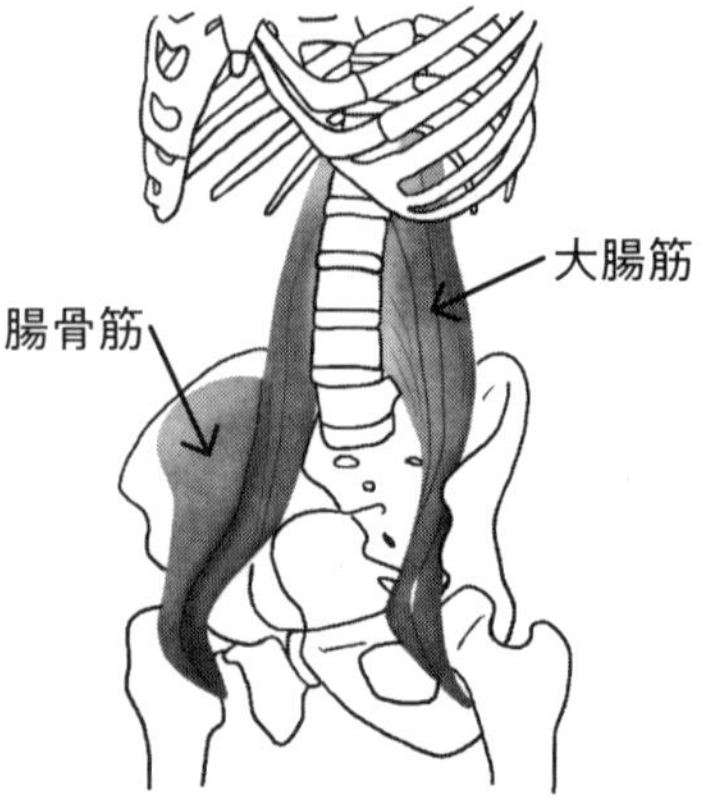

え際集中タイプの人は、腸腰筋を使うよう意識して歩くだけでも腎経が活性化されます。

　膝を伸ばして脚をつけ根から大きく動かして歩きます。かかとから着地し、やや大股で歩いてください。

　右脚を前に出したら同時に腰の右側も前に出て、左脚を前に出したら同時に腰の左側も前に出ればOK。後ろからお尻を押されているような感じで、腰と足を前に出すことで、腸腰筋をうまく刺激することができます。

　1日、5分でもいいので、意識してやってみましょう。

SECTION／2 ヨコ集中タイプ

## ストレスが主たる原因

もみあげをはじめ頭の横に白髪が多い人は、気づかぬうちに**強いストレスにさらされている**ケースが少なくありません。ストレスがたまると、知らず知らずのうちに歯を食いしばり、あごのつけ根の咬筋や顔の脇の側頭筋がこり固まり、血流が阻害されて白髪になるのです。

また東洋医学では、ストレス状態が続くと「肝」が弱ると考えられ、肝臓をはじめとした消化器系や腎臓に影響し、これが白髪の原因になるとされています。

# ぬるま湯につかる。肝機能を改善する食材を摂る

ストレス過多で交感神経ばかりが優位になると、副交感神経とのバランスが崩れ、肝臓をはじめとする内臓全般に影響を及ぼします。1日の終わりには、ぬるめのお湯（37〜39℃）にゆっくりとつかり、副交感神経の働きを高めてあげましょう。

肝機能の改善が期待できる食べ物には、しじみ、黒ごま、黒きくらげ、ウコン（ターメリック）、クコの実、明日葉などがあります。普段の食生活にプラスするのもいいでしょう。

## ヨコ集中タイプにオススメのツボやマッサージ

●**労宮**（ろうきゅう）

手の平側で、中指の骨を手首に向かってたどっていってぶつかるくぼみにあるツボ。イライラする気持ちを落ち着かせ、ストレスを緩和します。「労宮」と、続いてご紹介する「太衝《たいしょう》」「膻中《だんちゅう》」の場所は、p134にあります。

●**太衝**（たいしょう）

足の甲の、親指と人差し指の骨が交差する手前のくぼみにあるツボです。肝経の経絡に属し、肝臓の機能を高めるとともに、精神的なストレスを解消します。

●**膻中**（だんちゅう）

左右の乳頭を結んだ線と胸の中心が交わる位置にあるツボ。

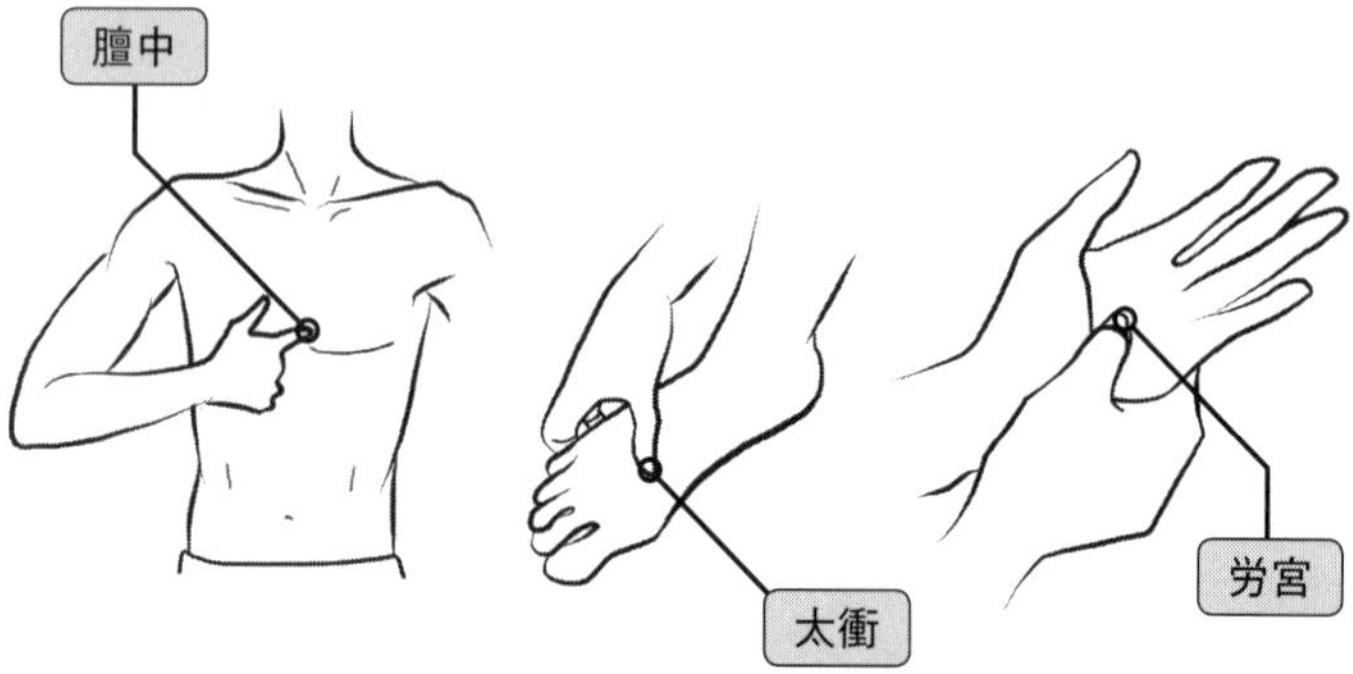


心の状態と関わりが深く、不安を取り除いてくれます。

「6秒押して、6秒休む」を3回ほど行うのを目安に、自分が気持ちいいと感じる範囲で調整してください。

●マッサージ

あごをぎゅっと噛みしめると、あごのつけ根だけでなく、耳の上のへこみやこめかみの下まで、筋肉が緊張してふくらみます。この、ふくらんだ部分に、両手の人差し指・中指・薬指の三指のはらをあてて、押し上げたり、後ろに回すように円を描いたりしてほぐしましょう。そうすることで、

筋肉の緊張をやわらげ、側頭動静脈（頭部最大の血液供給器官）とそれと並行するリンパ管の流れを著しく促進させるので、側頭部の血流と代謝が促されます。

同じようにあごのつけ根から耳の前にある咬筋も、両手の人差し指・中指・薬指の三指のはらをあてて、後ろ回しに円を描くようにグルグルとマッサージしてほぐすといいでしょう。

# 分け目集中・頭部全体タイプ

## 血流の悪さや、紫外線の浴びすぎを特に疑おう

分け目に白髪が集中している、もしくは頭部全体にまんべんなく白髪があるタイプは、**頭部への血流が悪いのが最大の原因**だといえます。分け目は頭のてっぺんからつくるため、末端の毛細血管への血液が滞りがちだと白髪が目立つようになります。

また、いつも同じ位置で髪の毛を分けている人は、知らず知らずのうちに**紫外線を浴びて白髪の原因になっている**ことが少なくありません。

## 血流をよくする食材を欠かさない。帽子や日焼け止めで、紫外線を防ぐ

血流を促し、栄養たっぷりの質の高い血液を頭皮まで送り込むためには、腎臓をいたわることが欠かせません。

まずは、**適切な量の水を飲みましょう。**さらに、黒ごま、あずき、昆布などの「黒い食べ物」、レンコン、やまいも、里いもなどの「ネバネバした根菜類」、そして、アーモンドやクルミなどのナッツ類を積極的に摂取してください。

**ビタミンE**には血液の流れをスムーズにする作用があります。ビタミンEが豊富なアーモンド、ピーナッツなどのナッツ類や、うなぎ、銀ダラなどの魚、ほうれん草、ブロッコリーなどの野菜を食べるのも効果的です。

ほうれん草、ブロッコリー、モロヘイヤなどの緑色の濃い野菜は、抗酸化作用もありますので、紫外線を浴びて発生した活性酸素を除去する効果も期待できます。

紫外線をたくさん浴びる可能性があるときは、できるだけ帽子をかぶるか、頭皮に日焼け止めを使うようにしましょう。

## 分け目集中・頭部全体タイプにオススメのツボやマッサージ

●**血海**（けっかい）

膝のお皿から、指3本分足のつけ根に向かった太腿の骨の内側にあるツボ。血のめぐりに関わる重要なツボで、血液の滞りを改善します。

●**承山**（しょうざん）

アキレス腱からふくらはぎに向かってたどり、ふくらみの真下にあるツボです。ふくらはぎのこわばりを解消し、足元から血流を促進します。

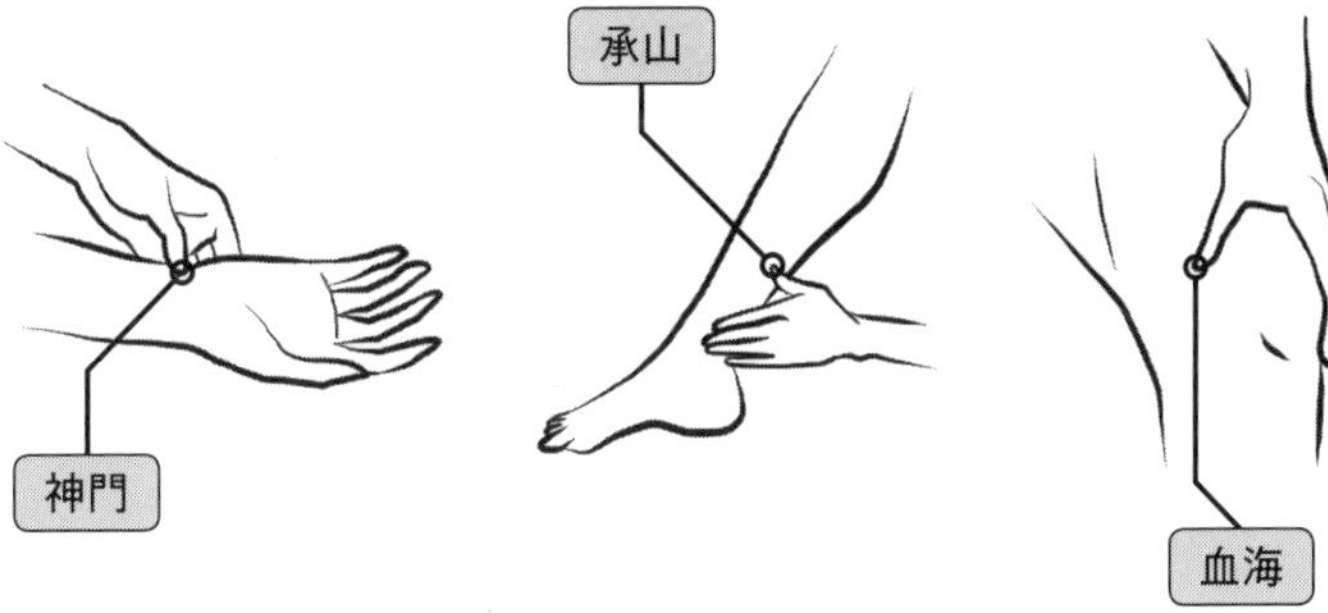


**●神門**（しんもん）

手首の横シワの上、小指側にあるくぼみが神門です。

精神状態を安定させ、ストレスからなる血流障害を改善します。

どのツボも、「6秒押して、6秒休む」を3回ほど行うのを目安に、自分が気持ちいいと感じる範囲で調整してください。

**●マッサージ**

両手の指、10本のはらを使い、耳の上から分け目に向かって3〜4ヶ所に分け、ギュッと押し上げましょう。

別の所でもご説明しましたが、力を伝え

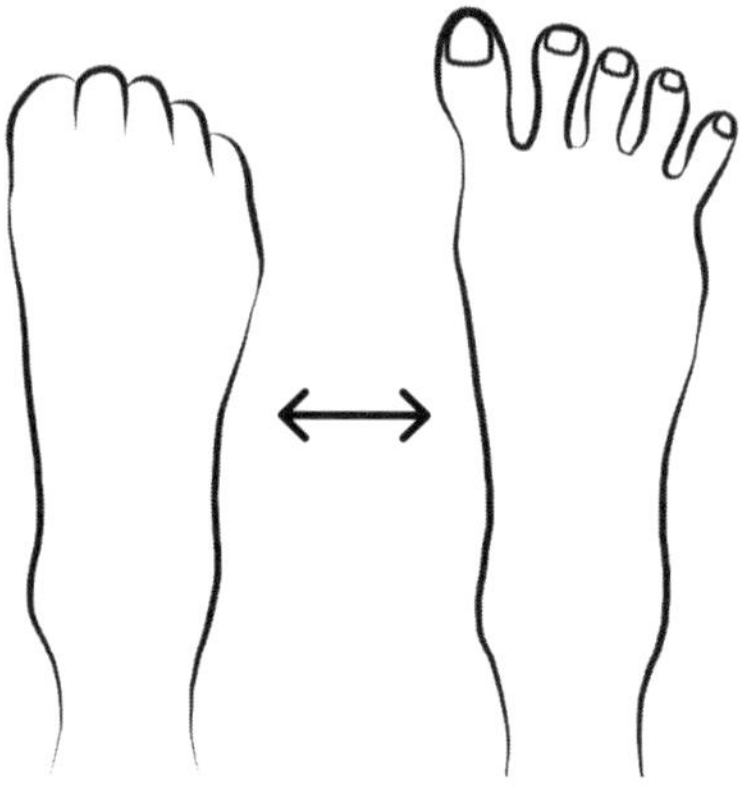

やすいのは、肘をついて手根で持ち上げる方法です。10本の指のうち、親指以外の8本を支えとして頭をつかみながら、親指で揉み上げるといいでしょう。

**●足の指グーパー**

カラダの末端から血流を促進するために効果的なのが「足の指グーパー」エクササイズです。

①足の指を「グー」をつくるように、ギュッと縮めて、3秒キープします。
②足の指全体を広げて伸ばし「パー」にして3秒間ホールドしましょう。

①と②を、合わせて10回繰り返します。足先が冷えがちな人も、次第にポカポカして血のめぐりがよくなったことを感じられるはずです。

# 第5章

# あなたの白髪染め、間違いだらけ……。

——染めるにしても、
きれい＆健康に黒くする方法、教えます

## 大きく4種類ある白髪を染める方法。白髪の量によって選びたい

ここまでは、白髪が生まれたり増えたりするのを防ぐ方法をお話ししてきました。

それでも、鏡で白髪を見つけるたびに憂うつになるくらいなら、染めるのも一つの手段です。

最後となるこの章では、できてしまった白髪を「どう染める」のがいいのかを提案していきます。


カラーリングをしている人なら白髪ができると、「白髪染め」にスイッチしたほうがいいといわれることが多いはずです。「白髪染め」というと、何やら特別な感じがしますが、実は、ファッションカラーも白髪染めも、アルカリ剤で髪の表面を覆うキューティクルを開き、髪を脱色してから染色するメカニズムは一緒です。

ただ大きく異なるのは「ブリーチ力」と「染毛力」のバランス。「ブリーチ」という言

葉はよく聞くと思いますが、髪の毛の色素を抜くことを意味します。

黒髪用のファッションカラーは、一般的には明るい色に染めることが目的です。そのためブリーチ力が強く染毛力が弱めなため、真っ白な毛である白髪を染めるのは得意としません。

一方で白髪染めは、染料の含有量が多く調整され、白い毛も黒い毛もしっかりと染まるのが特徴です。

アルカリカラーを含めて、**白髪を染める方法は大きく分類すると4種類あり「白髪の量」「生えている場所」「希望のカラー」によって使い分けるといい**でしょう。

**特に白髪の量が少ない場合、**
**「①ヘアマニキュア→②トリートメントカラー→③ヘナ（ただし、天然のもの限定）→④アルカリカラー」**
**の順に試すのがいい**でしょう。

## 効き目が永久なのと、半永久なのが存在する

そもそも、白髪を染める場合、一度染めたらそのままの「永久染毛料」と、時間とともに薄れていく「半永久染毛料」の2種類があります。

**「①ヘアマニキュア」「②トリートメントカラー」「③ヘナ」は半永久的で、「④アルカリカラー」はほぼ永久に色づきます。**

**商品表示の裏を見て「染毛料」と書いてある場合は半永久染毛料、「染毛剤」と書いてある場合は永久染毛料と覚えるとわかりやすい**ですよ。

## ①ヘアマニキュア

ヘアマニキュアは、髪の表面をコーティングするように染めるタイプです。色味によりますが、2〜4週間で半分程度色落ちしますが、その後残った色はかなり持ちます。

**【長所】**

- **髪へのダメージが少ない**
- **紫外線防止効果が期待できる**
- **カラーバリエーションが多い**
- **髪の毛にツヤが出る**

【短所】

- 白髪にしか色が入らない
- 黒髪を脱色しないため、髪色は明るくならない
- 頭皮につくと取れにくい
- もみあげなどの顔まわりは染めにくい

## ② トリートメントカラー

洗髪後のトリートメントとして使うと、うっすらと色がつくタイプ。

白髪の本数がまだ少ないときは、トリートメントカラーかヘアマニキュアかのどちらかで、手間や色などから好みで選ぶと、髪や地肌のダメージを抑えられます。

また、どうしてもアルカリカラーをしたい方が、サロンに行く間の「つなぎ」としても、トリートメントカラーやヘアマニキュアは使えるでしょう。

色持ちは数日なので、重ねて染めていくことが必要です。

【長所】
・ヘアマニキュアよりも頭皮に残りにくい
・洗髪時に気軽にできる
・地毛に近い色にできる

【短所】
・使うのをやめると数日で徐々に色が抜ける
・ムラになりやすい
・黒髪部分は明るくならない
・カラーバリエーションは少ない

## ③ ヘナ

ヘナとは赤色系の色素を含むハーブの粉のこと。

天然のものを選びたいですが、「天然」とうたっていても発色をよくするために化学染毛料を含有している場合もあるので、化学染毛料にかぶれる方は確認が必要です。「100%天然」と書いていなければ、化学染毛料が入っています。

色持ちは3週間程度。その時点で存在する色は、半永久に残り続けます。


**【長所】**

**・他のハーブを混ぜることで、地毛と近い色が再現できる**
**・化学染毛料未使用であれば、アレルギーなどが起こりにくい（ただし、天然成分に対してアレルギーを起こす方は該当しない）**
**・髪の毛のトリートメント効果も期待できる**

**【短所】**

- **手間と時間がかかる**
- **単品で放置時間が1時間以内だと、オレンジ系のカラーにしかならない（3時間〜5時間の放置時間で赤色になる）**
- **黒髪部分の色は一切変わらない**
- **天然成分といえどかぶれる可能性はある**
- **染めた直後は髪の毛がきしむ**

## ④ アルカリカラー

白髪の本数が少ない人にアルカリカラーをオススメしないのは、最初からアルカリカラーで染めると、**途中でやめにくくなる**からです。

アルカリカラーは、黒髪にも白髪にもしっかりと色が入るのが特徴。根元が伸びるまで白髪は目立たないのは、嬉しいかもしれません。

でも、根元が伸びてくると「黒髪・白髪・染めた色」がくっきりと分かれて目立つため、**すぐにでも染め直しに行きたくなります。**

一方で、トリートメントカラーやヘアマニキュア、そしてヘナは黒髪を明るくしてオシャレな色にすることは難しいかもしれませんが、白髪をぼかすように染めるため、髪の毛が伸びてきてもアルカリカラーほどは境目がハッキリとはしません。

でも、どうしても実現したい色がある、地毛を明るくしたいといった場合は、アルカリカラーが最適となってしまいます。

アルカリカラーの特徴は、2種類の液体を混ぜて染める「1・2剤式」であること。

いくら「オーガニックカラー」「ハーブカラー」といった天然風のネーミングがされていても「1・2剤式」であれば、アルカリカラーだと考えたほうがいいでしょう。

**【長所】**

**・白髪と黒髪の両方に似た色が入る**

・着色の持続力が強い（色味は抜けていくが、ある程度時間が経過すれば落ち着く）
・カラーバリエーションが多い

【短所】
・ブリーチしてから色を入れるため髪の毛が傷みやすい
・頭皮への刺激が強く、アレルギーが起こることがある
・髪が伸びたときに境目が目立ちやすい

なお近年、トリートメントカラーと同じように洗髪した後に手軽に使えつつも、染める頻度が少なくて済み、色が残りやすいものが出ています。代表的な商品としては、花王の「リライズ」があります。

# どうしても アルカリカラーをしたい人に、ぜひやってほしいこと

「ヘアマニキュアやヘナでは、好みの色に染まらない」「黒髪を明るくしたい」などの理由から、どうしてもアルカリカラーで白髪染めをしたい方に、できるだけダメージを少なくする方法があります。

その前に、アルカリカラーについて、もう少し解説させてください。

一般的なアルカリカラーは「1剤」にアルカリ剤と酸化染料が含まれており、「2剤」に酸化剤（過酸化水素）が含まれています。そして、1剤と2剤を混ぜることにより、

- アルカリ剤＋酸化剤（過酸化水素）＝脱色（ブリーチ）
- 酸化染料＋酸化剤（過酸化水素）＝染色（染める）

という作用が起こります。

この1剤に含まれる酸化染料の一つであるPPD（パラフェニレンジアミン）が略して「ジアミン」と呼ばれるようになり、その後、酸化染料の略称として使われるようになりました。近年では「ジアミン」は、アレルギーを起こしやすい物質として知られています。

以上を踏まえ、ダメージを少なくする方法をお伝えします。

## ①「マニキュア塗り」をする

アルカリカラーで起こるトラブルの多くは、カラー剤が地肌につくことによって、しみたりかゆくなったりなどです。これは、アルカリ剤と過酸化水素の刺激によるものであり、時間が経ってからかゆみや発疹などが現れるのは、酸化染料のアレルギーだと考えられます。

こうしたトラブルをできるだけ避けるためには、カラー剤を地肌につけないようにすることが重要。そこで、サロンでカラーリングをする際に、「マニキュア塗り（頭皮につかない塗り方）でお願いします」とオーダーしましょう。

ヘアマニキュアは頭皮につくと取れにくいため、美容師はカラー剤を頭皮から1ミリほど浮かせて塗る技術を持っています。この話をすると、特別なサロンに行かないと「マニキュア塗り」ができないと思う方が少なくありませんが、実は、どんなサロンでも対応可能ですので、たずねてみてください。

## ②頭皮の「保護剤」を使ってもらう

最近では、カラー剤を塗布《とふ》する前に頭皮につける保護剤を使うサロンも増えています。こうしたサロンを選び、頭皮をアルカリ剤や酸化染料から守るのも一つの方法でしょう。

アルカリカラーで白髪染めをしているときに、頭皮がヒリヒリしたりしみたりするのに「それを伝えると、染めてくれなくなるから」と我慢する人が少なくありません。

刺激を感じやすい場合は、事前にそのことをスタイリストに伝え、保護剤を使ってもらったりマニキュア塗りをしてもらったりしましょう。

ちなみに、私が運営する株式会社T-CUBEでは、このジアミンや染毛料を軽減・中和する目的で、特許成分を使用した前処理剤を開発しております。そのため、カラーリングやパーマの後の髪のダメージは気にならないレベルにすることができます。「髪や頭皮のダメージは気になるけれど、カラーリングを楽しみたい」という声に応え、サロン用に髪と頭皮の保護剤を開発しました。

その他にも、刺激を抑えた2剤や、カラー剤やシャンプーの使用後に髪や頭皮に残存する成分を中和するものも販売しています。全国の美容室でのカラーリングやパーマでのダメージを大きく緩和する、新しい常識をつくっていきたいと考えております。

＊株式会社T－CUBE　https://www.pula-product.com/company/

**③「1剤と2剤が同じメーカーである」もしくは「2剤がノニオン系」**

1剤と2剤は本来、同じメーカーのものを使うことが推奨されています。同じメーカーであれば、髪や頭皮へのダメージが少なくなるようにつくられているからです。

しかし、同じメーカーにしていない美容室が実際に多くなっています。というのも2剤は値段に非常に幅があり、安価なものを使っていることが多いからです。

そして2剤には、1剤も同じですが、「カチオン系」「アニオン系」「ノニオン系」の3種類があります。ちなみに「カチオン」は陽イオン、「アニオン」は陰イオン、「ノニオン」は非イオンを指します。「ノニオン系」であれば、1剤がどのタイプであっても組み合わせが可能で、刺激の緩和も期待できます。

2剤は1剤に対し同量のときもあれば倍の量を使うこともあるので、2剤の質は非常に大切です。2剤によって臭いも刺激も大きく変わるのですが、そのことはあまり知られていません。

以上から、1剤と2剤が同じメーカーであるか、2剤でノニオン系を使っているのかを美容師さんに確認することをオススメします。

このように2剤についてはノニオン系にするなどで、ダメージを軽減することができます。一方で1剤の刺激を決定的に減らすものはこれまで出会ったことがありませんでした(私も相当調べましたが、見つかりませんでした)。そこで、1剤の刺激を中和するものがあったらと思って自分でつくることにし、ようやく完成します。「ヘアプロテクターONE」という1剤中のアルカリ剤の刺激を中和する商品で、特許技術を使っています。髪に残存する余分な過酸化水素を中和する「ヘアプロテクターTWO」、1剤がどのタイプなのかに影響せず使える2剤として「シナジーオキン6」という商品もつくりました。これらの商品が美容室で使われることで、たくさんの人の白髪の悩みを解消できることを願っております。

# 自分で白髪染めをするときに気をつけたいこと

「サロンに行く時間がない」「白髪が気になるたびにサロンに行っていたら、お金がかかってしょうがない」。こんなふうに考える人は、自宅で染める「家染め」をすることもあるでしょう。そこで、「家染め」で気をつけるべき点をお話しします。

**「ヘアマニキュア」と「トリートメントカラー」**は、髪の毛の外側をコーティングするタイプの染毛料で、白髪にうっすらと色づき白髪を目立たなくするためのものです。ダメージが少なく、数日から2〜3週間で色落ちしますので、

- **手袋をつけて行う（爪のまわりなどに色が残りやすい）**
- **（特にヘアマニキュアは）頭皮や顔につけないようにする**

などに注意すれば、好みの色を選び、白髪が気になるたびに使用しても特に問題はないでしょう。

ところが**「ヘナ」**は、白髪の量やその人の黒髪の色によって発色が異なります。基本的にはオレンジ系の髪色にしかなりませんが、思った色にならないということが起こり得ると知っておきましょう。

また、ダークなブラウンやブラックに染めるために、ヘナ以外のインディゴなどのハーブが混ざったものも販売されており、染めた直後は緑がかった色になることもあります。**数日経つと色は落ち着いてきますので、あわてずに様子をみましょう。**

ヘナも、ヘアマニキュアやトリートメントカラーと同様に、手や頭皮、バスルームの床などに色がつくと落ちにくい場合がありますので、**手袋をつける、壁や床についたらすぐに洗い流すなどを徹底**しましょう。

**家庭用の「アルカリカラー」**を使う場合、カラーバリエーションがどうしても少なくなるため、サロンのカラーとまったく同じ色に染めるのは難しいかもしれません。

また、放置時間を守らなかったり、すすぎが十分でなかったりすると、頭皮や髪の毛のトラブルにつながる可能性があります。**記載されている時間ややり方を守り、しっかりと洗い流すようにしましょう。**

どの方法を選んだ後でも、**サロンで白髪染めをするときは、いつ頃、どんな方法で自宅で染めたのかをきちんと伝えてください。**

そうすることで、サロンが髪の状況を把握できて、リクエスト通りのカラーに染めてもらうことが可能になるからです。

## 白髪が目立たなくなるスタイリングの方法

白髪が出てきたら「すぐに染める」のではなく、スタイリングなどでカバーする方法もあります。

そもそも**白髪は、髪の毛の面がぴったりと揃っていると目立ちやすくなります。**

そのため、きっちりとまっすぐに整えたストレートヘアやボブなどの髪型、分け目をつけて寝かせたスタイルは、白髪が目立つといえるでしょう。

また、ムラなく統一されたカラーの中だと、わずか数本でも白髪は際立って見えます。

一方で、たとえば**ワックスなどを使って髪の毛を遊ばせるスタイリングなど、髪の毛に動きがあると白髪が目立ちにくくなります。パーマをかけるのも一つの方法**でしょう。

また、一定の間隔で少量ずつ毛の束を抜き出し、明るめのカラーを入れる**ハイライトも、白髪を目立たなくしてくれます。**

白髪部分をハイライトとして使い、全体的に上からカラーリングをすると陰影ができて、白髪の根元が伸びてきても気になりにくくなるのです。

こうしたテクニックを組み合わせ、できてしまった白髪は嫌わずに、オシャレを楽しみながら付き合っていくのもいいと思いますよ。

# あとがき

直感型の私が、感覚的にわかっていることを言語化や文章化をすることができたのは、ライターさん、編集者さん、監修をしてくださった医師をはじめ、東洋医学の専門家、身体構造の専門家など、多くの方のお知恵をお借りできたおかげです。御礼を申し上げます。

特に感謝を申し上げたいのは、まずは、はりきゅう治療院 伍行庵 院長（埼玉県さいたま市）の吉田啓さん。吉田さんは、東洋医学のスペシャリストであり、柔軟性も併せ持っています。

本書では東洋医学の視点も多く取り入れていますが、私の臨床経験の中には、東洋医学の視点だけで考えると矛盾することもありました。物理的な考え方なども混在していたからです。

吉田さんには、私の臨床や物理的な考え方をお伝えしたうえで、相談役として多くのお知恵を貸していただきました。

『ねこ背は10秒で治せる！』（マキノ出版）の著者であり一般社団法人日本施術マイスター養成協会 代表理事の小林篤史さんも、尽力してくださいました。

私が頭髪に関して研究してきた結果の中には、臨床経験的には確信しているけれど、筋道を立てて説明ができないことがしばしばありました。枕選び一つとっても、説明に困ったのです。それを言語化するには、身体構造のスペシャリストが必要となったのですが、小林さんには幅広くお知恵を貸していただきました。


そして、ＰＵＬＡ（プーラ）式ヘッドスパ専門店のオーナーの皆さま。ＰＵＬＡとは、私が創業したヘッドスパです。独自のヘッドスパの知識や技術を集結しています。ＰＵＬＡはおかげさまで多くの方々から好評をいただきまして、店舗を順調に増やしています。埼玉県の浦和で創業しましたが、関西、東海地方などにも進出。２０２１年の夏中には８店舗となり、ヘッドスパ専門店としては日本最多となります。

そのＰＵＬＡの各店舗のオーナーになってくださった皆さまからいただく、日々の質問。そして、それに私が答えるといった繰り返しも、私が感覚的にわかっていたことを言語化するのに大きく貢献しました。

さらには、オーナーが私のメソッドを共有し、フィードバックもしてくれたおかげで、多くの臨床に触れることができました。

各分野での専門家を招いて勉強会を開いたこともあり、ＰＵＬＡの関係者がチームとなって学んだのも、貴重な経験となりました。

本書にももちろん、そのようにして培った臨床や言語化を通じて知り得たメソッドを、数多く紹介しています。

白髪で悩む一人でも多くの方が、本書によって救われることを心から願っております。

最後までお読みくださり、ありがとうございました。

これからも白髪をはじめ、頭髪に悩む多くの方にお役に立てていただければ幸いです。

２０２１年６月

辻　敦哉

【著者紹介】

## 辻 敦哉（つじ・あつや）

●――ヘッドスパ専門店としては日本最多の店舗数を誇る「PULA（プーラ）」創業者。管理理容師、元ヘアサロン店長。埼玉県出身。東京文化美容専門学校、ロンドンTONI&GUYアカデミー修了。

●――美容業界を経て、体験者の満足度95%以上のヘッドスパ専門店を開店し、半年以上予約が取れないほどに。アジアの優れた企業家に贈られる「アジアゴールデンスターアワード2017」で、日本人で２人だけのマスター大賞を受賞。

●――フジテレビ『ホンマでっか!? TV』、文化放送『ロンドンブーツ１号２号田村淳のNewsCLUB』、『読売新聞』、『婦人公論』（中央公論新社）、『日経ヘルス』（日経BP）などメディア出演は多数。『世界一簡単な髪が増える方法』（アスコム）などの著書があり、著書は累計で10万部突破。

【監修者紹介】

## コッツフォード 良枝（こっつふぉーど・よしえ）

●――銀座禅クリニック院長。美容外科・皮膚科医師。日本抗加齢医学会専門医。

●――山梨大学医学部卒業。国際医療センター国府台病院を経て、日本医科大学麻酔科学講座に入局。2011年から皮膚科、美容皮膚科、美容外科に従事。

●――メディア出演は多く、フジテレビ『バイキング』、テレビ東京『なないろ日和！』、毎日放送『林先生が驚く初耳学！』など。


## 白髪《しらが》は防《ふせ》げる！

2021年６月21日　第１刷発行
2022年４月１日　第４刷発行

著　者――辻　敦哉
監修者――コッツフォード 良枝
発行者――齊藤　龍男
発行所――株式会社かんき出版
東京都千代田区麹町4-1-4 西脇ビル　〒102-0083
電話　営業部：03(3262)8011㈹　編集部：03(3262)8012㈹
FAX　03(3262)4421　振替　00100-2-62304
https://kanki-pub.co.jp/

印刷所――シナノ書籍印刷株式会社



ISBN978-4-7612-7556-3 C2030